Dieter Emeis

Gottes Nähe feiern

Predigten für die Sonntage im Lesejahr C

Dieter Emeis

Gottes Nähe feiern

Herder
Freiburg · Basel · Wien

2. Auflage 1998
Alle Rechte vorbehalten – Printed in Germany
© Verlag Herder Freiburg im Breisgau 1997
Gestaltung: Finken & Bumiller
Herstellung: Clausen & Bosse, Leck
Gedruckt auf umweltfreundlichem,
chlorfrei gebleichtem Papier
ISBN 3-451-26392-0

Inhalt

Sonntage im Jahreskreis

Vorwort

Dienst am Wort

Das II. Vaticanum hat sich auf die Predigtpraxis fast unmittelbar ausgewirkt in einer intensiven Förderung der Schriftpredigt. Die Liturgiekonstitution sprach von den zwei Tischen und gab die Weisung, zur Korrektur einseitiger kirchengeschichtlicher Entwicklungen deutlicher um den Tisch des Wortes besorgt zu sein. Dadurch war eine Polarisierung zwischen katholischer und evangelischer Tradition, zwischen Sakrament und Wort überwunden. Der Predigtdienst versteht sich als Dienst am Wort der im Gottesdienst gelesenen und gehörten Schrift, und viele der Versammelten erwarten von der Predigt, daß sie die Schrift verstehen und ins Leben hinein vergegenwärtigen hilft. Auch wenn über ein Thema oder ein Problem gepredigt wird, gilt als Postulat, daß die Glaubensrede – wenigstens implizit – in der Schrift zu gründen hat.

Dienst an der liturgischen Versammlung

Weniger durchgesetzt hat sich das Verständnis der Homilie als Teil der liturgischen Handlung. Die Homilie ist nicht irgendeine Predigt. Sie ist eine Predigt im Rahmen eines Gottesdienstes und soll die jeweilige Liturgie feiern helfen. Die Einleitung zum Römischen Meßbuch von 1969 fordert ausdrücklich, daß die Homilie das jeweils gefeierte Mysterium zu berücksichtigen habe. Das heißt für die Homilie in der sonntäglichen Eucharistiefeier:

(1) Wo sich eine Gemeinde zur Feier des Sonntags versammelt, geht es um eine Sonntagspredigt. Es muß zumindest anklingen, daß man zusammen ist, um die Freude an der Auferstehung des Herrn zu teilen.

(2) Am Sonntag ist die Gemeinde versammelt zur Feier der Eucharistie. Für die Homilie ergibt sich daraus, daß sie den Charakter einer eucharistischen Tischrede haben soll. In einer Eucharistiefeier hat der Wortgottesdienst nicht zuletzt die Funktion, in die Feier der eucharistischen Handlung hineinzuführen.

(3) Es geht um die Versammlung einer Gemeinde. Auch wenn unsere sonntäglichen Eucharistiefeiern auf sehr unterschiedliche Weise wirkliche Versammlungen sind, so fehlt doch wohl nirgendwo ganz die

Erfahrung des Zusammenkommens von Menschen, die Gott zusammengerufen hat, um ein Zeichen seines Willens und seiner Macht aufzurichten, um sie zur Gemeinschaft zu führen. Die Homilie soll den Versammelten helfen, sich als von Gott zusammengeführte Menschen im Dienst der Einheit aller Menschen zu verstehen.

Krise der sonntäglichen Versammlungen

Unter dem fragwürdigen Begriff »Gottesdienstbesuch« zeigt sich fast überall eine Krise der Treue zur sonntäglichen Versammlung an. Eine lange Zeit verinnerlichte und durch Sozialkontrolle gefestigte Praxis des Besuches der Sonntagsmesse geht zurück. Läßt man sich auf Gespräche darüber ein, dann findet man nur bei einer kleinen Minderheit ein einigermaßen geklärtes Bewußtsein des Zusammenhanges von Auferstehungstag Jesu, Feier seines Mahles und Gemeindeversammlung. Wohl gibt es noch ein Echo vom Sonntag als dem Feiertag der Christen. Oft ist allerdings an dessen Stelle das Wochenende getreten. Es gibt noch Erinnerungen an eine individuell verstandene Pflicht zur Teilnahme am Gottesdienst. Die ursprüngliche Tradition, daß die Christen sich in einer religiös pluralen Umwelt durch die Feier ihres Glaubens am ersten Tag der Woche identifizierten, muß im modernen Pluralismus unserer Gesellschaft erst wiedergewonnen werden. Eine eigene Herausforderung ist dabei, für die Versammlungsbereitschaft Motive und Erfahrungen zu vermitteln, die der totalen Individualisierung entgegenwirken. Dabei ist immer wieder und immer tiefer das Geheimnis der Eucharistie als »Quelle und Ursprung des ganzen christlichen Lebens« (Liturgiekonstitution) zu erkunden.

Predigen, wozu die Gemeinde versammelt ist

Die Predigt kann bei dieser Aufgabe nur mitwirken. Viel muß im Umfeld der sonntäglichen Versammlungen besprochen und gelebt werden, um es in die Feier mitbringen zu können. Aber auch in der Liturgie selbst muß gesagt und erfahren werden, wozu die Gemeinde versammelt ist. Die hier vorgelegten Predigten versuchen dies. Es ist zuzugeben, daß auch sie nur begrenzt den Charakter wirklicher Homilien haben. Es werden aber doch Schritte getan, nicht nur den Dienst am Wort, sondern auch den an der liturgischen Versammlung und an dem darin gefeierten Zeichen zu tun.

Der Weihnachtsfestkkreis

1. Adventssonntag
Sehnsucht nach Erlösung
(Lk 21,25-28. 34-36)

Der Menschensohn

Nicht das Erschütternde und Erschreckende der apokalyptischen Bilder steht in der Mitte des Evangeliums. Das Untergangsszenario bildet gleichsam nur die Kulisse für das eigentliche Bild vom mit großer Macht und Herrlichkeit auf den Wolken des Himmels kommenden Menschensohn. Gebeugte Menschen sollen sich auf dieses Bild hin aufrichten; denn im Menschensohn kommt ihre Erlösung. Wir sind von diesem Bild schwer zu erreichen. Einiges müssen wir aus dem Weg räumen, anderes müssen wir vergegenwärtigen, um uns unseres Lebens als eines Lebens im Advent, d.h. im Horizont der Ankunft unserer Erlösung bewußt zu werden.

Gegenwart unseres Erlösers und unserer Erlösung

Ganze Generationen von Christen haben gelernt, daß der Unterschied zwischen Christen und Juden darin besteht, daß die Juden immer noch auf den Messias warten, während wir Christen in Jesus den bereits gekommenen Messias erkennen und glauben. Zwar bekannten sie sich weiter dazu, daß dieser Jesus wiederkommen wird; aber das Leben in seiner Gegenwart prägte ihre Beziehung zu Jesus Christus viel stärker als die gespannte Erwartung seines vollendenden Kommens. Das hatte sicher damit zu tun, daß es schwer wurde, auf ein Ereignis ausgerichtet zu sein, das nun schon Jahrhunderte lang auf sich warten läßt. Damit verband sich aber auch eine einseitige Einfärbung des Wortes »Erlösung«. Es wurde gesagt, daß wir bereits erlöst sind und in der Freude der Erlösten leben dürfen. Dabei dachte man vor allem daran, daß die Last der Sünde von uns genommen ist und uns damit der Weg zur Versöhnung mit Gott und untereinander freigemacht ist. Das ist und bleibt wahr und ist doch ergänzungsbedürftig.

Noch keine heile Welt mit heilen Menschen

Das erfahren wir tagtäglich; denn wir erfahren weder uns selbst noch unsere Kirche noch unsere Welt als heil. Wenn es in unseren Gebeten heißt, daß wir von der Macht der Sünde und des Todes befreit sind, können wir das gar nicht so verstehen, daß wir uns nun unbehindert in der Liebe zu Gott und zueinander entfalten können und nicht mehr unter dem Tod mit seinen Vorboten in Krankheit zu leiden haben. Von uns selbst wissen wir, daß wir nicht nur unter dem guten Anhauch des Geistes Gottes leben, sondern vielen Einflüssen ausgesetzt sind, die uns eigensüchtig, neidisch, maßlos, mißtrauisch usw. machen wollen, und daß wir diesen Einflüssen auch erliegen. Wir müssen zugestehen, daß es in unserer Kirche nicht immer so hergeht, daß die anderen fasziniert ausrufen: »Seht, wie sie einander lieben!« Die Herrschaft von Gewalt und Ungerechtigkeit, Haß und Unversöhntheit, Rivalität und Habsucht läßt ungezählte Menschen leiden und sterben, bevor sie zu ihrem Leben gekommen sind. Das einfach mit dem Glaubenssatz »Wir sind erlöst« abzutun, muß zynisch wirken.

Mit den frommen Juden den Messias erwarten

Wohl dürfen und sollen wir glauben, daß die letzte Macht von Sünde und Tod durch die selbst zum Tode bereite Liebe unseres Erlösers gebrochen ist. Es ist die Entscheidung im Kampf zwischen Licht und Dunkel gefallen. Aber so lange unsere Geschichte dauern wird, bleibt noch Zeit für Sünde und Tod und damit für unendlich viel Unerlöstes, Krankes, Verwundetes, Unterdrücktes, Sterbendes in uns, in der Kirche, in der Welt. Daß wir in Jesus den Messias erkennen und glauben, daß er in unser Leben eingegangen ist, um durch sein Leben, seinen Tod und seine Auferstehung unser Weg zu werden, das trennt uns nicht von der Messiaserwartung der frommen Juden. Unser Glaube an ein erstes Kommen des Herrn in der Armut und Ohnmacht seines Menschenlebens und zugleich mit der Kraft seiner Liebe läßt uns vielmehr mit noch gespannterer Hoffnung das Kommen des Herrn erwarten, der vollenden wird, was durch das irdische Leben Jesu und durch sein Wirken als Auferstandener in unserer Geschichte begonnen hat. Der Anbruch der Erlösung will uns die Fülle eines endlich und endgültig von allen Lasten und Leiden befreiten Lebens erwarten lassen. Mit diesem Geschenk kommt der Menschensohn auf uns zu. Adventszeit heißt die Zeit, in der die Hoffnung auf die Ankunft der Erlösung gerichtet ist. Es ist mit dem Evangelium eine Zeit des Wachens und Betens, d. h. eine Zeit, in der wir um einen letzten Horizont unseres Lebens besorgt sind, um ihn nicht zu verlieren.

Die Versuchung, sich im relativ Erfreulichen einzurichten

Die mächtigste Konkurrenz zu einem adventlichen Leben ist wohl der Versuch, in unserer nicht heilen Welt wenigstens einigermaßen heile kleine Welten zu bauen und sich in ihnen einzurichten. Wenn wir ehrlich sind, kennen wir diese Versuchung und werden bekennen müssen, ihr immer wieder zu erliegen. Wenn wir ehrlich sind, werden wir aber wohl auch zugestehen müssen, daß uns dabei nicht wohl ist. Es gibt den Versuch eines zufriedenen Lebens, der nicht zufrieden macht. Wir können auf die Dauer aus unserem Bewußtsein nicht die ausgrenzen, die sich kein wenigstens relativ schönes Leben machen können. Wir können auch nicht leugnen, daß uns das relativ Erfreuliche nicht genug ist. In jedem Menschen wohnt die tiefe Sehnsucht nach einer ganz großen Freude, in der wirklich alles endgültig ganz gut ist. Diese Freude aber können wir uns nicht machen; wir können sie nicht einmal denken; aber wir können sie erwarten im Menschensohn, der mit großer Macht und Herrlichkeit bringt, was uns ewig beheimaten soll: die endgültig tröstende Liebe des Vaters.

»...bis du kommst in Herrlichkeit«

Es ist wahr, daß wir am Sonntag, zu dem wir versammelt sind, den Sieg des Herrn über Sünde und Tod feiern. Es ist wahr, daß wir im Geschenk der Kommunion seine uns mit Gott und untereinander versöhnende Kraft erfahren dürfen. Es ist aber auch wahr, daß dies ein Vorgeschmack von dem ist, was es gespannt zu erwarten gilt. Wir rufen im Hochgebet »..bis du kommst in Herrlichkeit« und sagen damit, daß die Liebe, die wir im Zeichen der Eucharistie empfangen, uns ein Kommen des Herrn ersehnen läßt, in dem der Glanz seiner Liebe alles erfüllt.

2. Adventssonntag
Bereitet den Weg des Herrn
(Lk 3,1-6)

Advent – Qualität unserer Zeit

Normalerweise wird der Advent als eine Saison im Jahr verstanden. Sie begann vor einer Woche und endet mit dem Heiligen Abend. In Wahrheit ist alle unsere Zeit – unsere eigene Lebenszeit und unsere gemeinsame Geschichtszeit – Zeit des Advent. Wir begehen die Adventszeit, damit wir nicht vergessen, daß all unsere Zeit Zeit des Advent ist. Auf uns zu kommt der Herr. Er ist unsere Zukunft.

Das ist gerade in unserer Zeit eine große Verheißung. Wir leben ja in der sich ausbreitenden Enttäuschung über den Menschen. Dem Menschen hatten viele zugetraut, daß er das Antlitz unserer Erde zum Paradies unwandeln könne und werde. Inzwischen wären wir wohl schon dankbar, wenn wir wüßten, daß der Mensch diese Erde nicht vernichten wird. Eine Vollendung von allem, eine Erfüllung aller Träume von einem ganz zustimmungswürdigen Dasein erwartet wohl niemand mehr vom Menschen. Viele haben darum grundsätzlich ihre Träume zurückgenommen und sich eher darauf eingerichtet, selbst einigermaßen über die Runden zu kommen.

Unsere Zeit als Adventszeit ruft uns auf, die Erfüllung all unserer Sehnsucht von dem zu erwarten, der da kommt. Wir dürfen und sollen ausblicken auf »das Heil, das von Gott kommt«, wie wir am Ende des Evangeliums hörten. Wenn wir an unsere Grenzen stoßen, müssen wir nicht das ganz große Verlangen nach einem alles umfassenden Frieden aufgeben. Wir dürfen und sollen diesen Frieden dem zutrauen, der da kommt.

Nicht nur warten, auch uns bereiten

Wenn all unsere Zeit Adventszeit ist, dann kann der Sinn unseres Lebens in dieser Zeit zusammengefaßt werden in den fünf Worten: »Bereitet dem Herrn den Weg!« Leben, das dem Herrn den Weg bereitet, hat Zukunft. Alles andere ist im Grunde nichtig, ohne Verheißung.

Unsere Zukunft im Kommen des Herrn zu sehen, kann zu einer Lebenshaltung führen, in der wir einfach nur warten. So wie man in einem Wartezimmer sitzt, bis man aufgerufen wird. Oder so wie man in einer Wartehalle nichts anderes tut, als da zu sein, bis der Zug aufgerufen wird. Das Kommen des Herrn ist uns zwar nicht verfügbar; es ist reine Gabe; aber mit uns, mit unserer Zeit können und sollen wir etwas tun: dem Herrn den Weg bereiten. So ernst nahmen einige Glaubende vor uns diesen unseren Anteil am Kommen des Herrn, daß sie davon sprachen, unsere mangelnde Bereitschaft hindere den Herrn an seiner baldigen Ankunft. Advent ist keine bloße Wartezeit. Es ist eine Zeit dynamischen Aufbruchs. »Ihr müsset ihm entgegengehn«, so singen wir in einem unserer Hoffnungslieder.

Entgegenwachsen

Vielleicht kann uns dieser unser Lebenssinn noch etwas näherkommen durch ein Bild, das sich im Dekret über die christliche Erziehung im II. Vaticanum findet. (Gravissimum educationis 8) Dort ist davon die Rede, daß Erziehung den jungen Menschen helfen soll, der neuen Schöpfung nachzuwachsen, die sie durch die Taufe bereits sind. Dieses Bild meint, daß wir – jeder einzelne von uns und auch unsere ganze Geschichte, Himmel und Erde – im Denken Gottes (und was Gott denkt, ist Wirklichkeit) schon eine neue Schöpfung sind. Was er in Jesus Christus mit uns angefangen hat, hat ein Ziel. Dem, was wir dadurch bei Gott bereits sind, sollen wir nachwachsen. Wir konnen dies auch adventlich aussagen: Dem Bild, das sich Gott von uns macht und das zu vollenden er auf uns zukommt, dürfen und sollen wir entgegenwachsen.

Das gibt unserem Leben seine wunderbare Spannung. Wir werden nie erwachsen sein in dem Sinne, daß wir damit den Menschen, zu dem wir berufen sind, in uns ausgeprägt hätten. Die biologische Lebenslinie mag so sein, daß es ein Heranwachsen gibt, dem vom zwanzigsten Lebensjahr an ein langsamer, aber sicherer Verfall folgt. Der Ruf Gottes an uns begründet eine ganz andere Linie. In ihr gilt es lebenslang, dem Herrn entgegenzuwachsen. Da verengen sich im Laufe unseres Lebens nicht die Möglichkeiten. Sie können sich im Alter sogar noch weiten. Die Hochzeit, die wirklich alle Zeit zu ihrem Ziel führt, haben wir vor uns. Wir sind und bleiben auf dem Wege, die Schöpfung zu werden, die Gottes Glanz und Herrlichkeit ungebrochen abbildet.

Kleines und Alltägliches bekommt seinen Sinn

Das also ist unser Lebenssinn: dem Herrn den Weg zu bereiten, ihm entgegenzuwachsen. Alles andere ist sinnlos, ohne Zukunft und ohne Verheißung. Wenn wir schon einmal an einem Wegebau beteiligt waren oder anderen beim Bauen zugeschaut haben, wissen wir: Ein Weg entsteht über viele kleine Arbeitsschritte. Und auch beim Wachsen gibt es nur ausnahmsweise die großen Sprünge; eher entspricht dem Vorgang des Wachsens die alltägliche Treue zum Ziel. So bekommt in der Perspektive des Advent gerade das Kleine und Alltägliche seinen Sinn: Worte und Gesten, die einen Menschen ermutigen; versöhnliche Gedanken und Schritte, die auf den anderen zugehen; verläßlich gelebte Beziehungen, die etwas von dem erfahren lassen, was Heimat ist; das Teilen mit anderen über die Solidargemeinschaft der Familie hinaus im Blick darauf, daß Gott alles in allem sein will; das Ertragen unserer Grenzen und der Grenzen des Nächsten, das uns weitet für Gottes unbegrenztes Handeln; das tapfere Tun des Guten, auch wo es weder Verständnis noch Dank findet; jedes auch noch so kleine Werk, das auf größere Gerechtigkeit hin ausgerichtet ist. Alles, was dem Herrn den Weg bereitet, uns und unsere Geschichte auf ihn hin öffnet, hat Zukunft und Verheißung.

Advent der Eucharistie

Adventszeit in einem eigenen Sinn ist die Zeit, in der wir zur Feier der Eucharistie zusammen sind. Es kommt der Herr, wo wir uns versammeln in seinem Namen. Er kommt, wo sein Wort verkündet wird. Er kommt zu uns in den Zeichen seiner Hingabe bis in den Tod. »Bis er kommt in Herrlichkeit«, ist er im Zeichen bei uns. Auch dieses Kommen ist uns nicht verfügbar. Wir erbitten es als Wunder des Geistes, der unsere Gaben erfüllen möge. Wohl können wir uns für das Ankommen dieses Wunders bei uns bereiten. Dabei ist auch das, was wir tun können, zugleich das Geschenk seiner Gnade. So wachsen wir nicht aus eigenem Antrieb ihm entgegen. Wir empfangen ihn, damit er in uns die Kraft sei, durch die wir ihm entgegengehen. Wir bitten ihn, er selber möge in uns wirken, daß wir ihm den Weg bereiten und dadurch sinnvoll leben.

3. Adventssonntag
Die Taufe des Stärkeren
(Lk 3, 10-18)

Die Umkehrtaufe

Es klingt fast traurig-resigniert, wenn Johannes von seiner Taufe sagt, daß sie nur mit Wasser geschieht. Er sieht zwar, daß die Menschen zu ihm strömen und sich von ihm unter das Gericht Gottes rufen lassen. Er sieht auch, daß viele wirklich umkehren zu einem Leben der Nächstenliebe und des Verzichtes auf Betrug und Erpressung. Zum Zeichen dafür lassen sie sich taufen. Aber Johannes muß doch zumindest unzufrieden sein mit der Wirkung, die davon ausgeht. Es muß ihn die Frage bewegt haben, ob seine Predigt und seine Umkehrtaufe in die Tiefe der Menschen reicht und sie dort aus dem Gericht ins Leben rettet. Es mag ihm ähnlich gegangen sein wie vielen, die andere auf ihre Gefährdungen aufmerksam machen, sie ermahnen und doch nicht wirklich verändern können. Tag für Tag rufen die Kommentare unserer Medien zu phantasievoller und konsequenter Solidarität auf. Sie haben offenbar nur wenig Macht, eine solidarische Gesellschaft zu schaffen. Der Konkurrenzkampf der Lobbies bestimmt unsere Wirklichkeit immer noch stärker als das Bedenken unserer Probleme und Konflikte von anderen her. Zu der Grenze, die Johannes spürt, kann er stehen, weil er auf einen Stärkeren verweisen kann. Er ist noch nicht Gottes letzter Gesandter. Da wird ein Stärkerer kommen. Johannes ist – wie Matthias Grünewald ihn dargestellt hat – Zeigefinger auf den, der kommen soll. Darum erinnert die Kirche an ihn im Advent.

Die Geisttaufe

Die Taufe des Stärkeren kennzeichnet Johannes als Taufe mit Geist und Feuer. Ein Hoffnungsbild des Propheten Ezechiel kann uns erschließen, worum es hier geht. Es spricht davon, was einmal geschehen soll, wenn Gott seinen Geist in das Innere von Menschen gibt. Da wird eine Herzveränderung bewirkt. Da entfernt Gott das Herz von Stein und pflanzt an dessen Stelle ein Herz von Fleisch. Das steinerne Herz ist das Herz, das nicht mehr empfindlich ist für das, was den Menschen wirklich leben läßt. Das steinerne Herz ist nicht erreichbar für Aufrufe zum Teilen und zur Versöhnung, zur Barmherzigkeit und zum Mitleid. Nicht einmal seine eigenen tiefen Sehnsüchte kann das steinerne Herz fühlen. Es macht keinen Sinn, Menschen mit steinernen Herzen zu ermahnen. Sie brauchen ein neues Herz. Das Herz aus Fleisch ist das für Gott und den Nächsten empfindsame Herz. Es ist das Herz, in dem der Mensch sich selbst mit seinem wahren Verlangen nach Leben spürt, vertraut wird mit seinem Sinn und Ziel. Die Auswechslung des Herzens aus Stein in ein Herz aus Fleisch kann der Mensch nicht selbst vornehmen. Gott bewirkt dies, wenn er seinen Geist in die Menschen hineingibt. Dann leben sie als die Menschen, als die er sie von Anfang an gewollt hat und glücklich machen will.

Erfahrungen mit der neuschaffenden Kraft Jesu

Etwas von der verwandelnden Kraft des Stärkeren erfuhren die Menschen schon im Einflußbereich des irdischen Jesus. Sie waren erstaunt und davon betroffen, eine »Lehre mit Macht« zu erleben. So hörten sie in die Tiefe der Menschen reichende und sie verändernde Worte. Wo Menschen sich dieser Macht in Jesus – der neuschaffenden Kraft des Geistes – glaubend aussetzten, konnten sie an Leib und Seele gesunden. Der kommende Stärkere, auf den Johannes verweist, tauft mit Geist, wie er selbst empfangen ist vom Heiligen Geist. Er ist – wie wir bald feiern dürfen – nicht nur ein Menschenkind – das auch! –, er ist die geisterfüllte Nähe Gottes unter uns Menschen. Und er soll nicht nur mahnen und zur Umkehr rufen wie Johannes. Er soll Menschen neu erschaffen als seine Schwestern und Brüder, als Söhne und Töchter seines Vaters, als in der Kraft des Geistes lebende Menschen. Das Ziel der Menschwerdung Gottes, die wir bald feiern dürfen, ist unsere Menschwerdung. Die Neuerschaffung des Menschen beginnt mit der Geisttaufe.

Die Wirksamkeit unserer Taufe

Nur sehr wenige in der Kirche unseres Landes sind als Erwachsene zum Glauben gekommen und getauft worden. In der Regel wurden wir als Säuglinge getauft. So fehlt uns Erfahrung mit der verwandelnden Kraft der Taufe. Und doch sind wir nicht ganz ohne die Erfahrungen, die hinter dem Wort von der Geist- und Feuertaufe stehen. Wo wir im Klima des Glaubens – wohl zuerst unserer Eltern, dann aber auch anderer für unseren Weg wichtiger Menschen – heranwachsen durften, wirkte dies eben nicht versteinernd auf uns. Vielmehr bekamen wir Anteil an einer lebendigen und Leben stiftenden Hoffnung. Wir bekamen Geschmack am Guten. Wir entwickelten die Fähigkeit, Gott und den Menschen zu vertrauen. Wir lernten, uns mit anderen mitzufreuen und mit ihnen mitzuleiden. In uns begann ein Herz aus Fleisch zu schlagen. Zu unserem Menschwerden haben uns unsere Eltern und andere nicht zuerst mit ihren Mahnungen verholfen, sondern durch die Kraft des Geistes, dem sie ihr Leben öffneten und der so auch uns ergreifen konnte.

Adventliche Buße: den Stärkeren suchen

Zu unserer ganzen Wirklichkeit gehört Erfahrung damit, wie wir trotz unserer Taufe und des Lebens im Einflußbereich von Getauften Mächten ausgesetzt bleiben, die uns versteinern wollen und können. Wo wir ihnen Raum geben – und niemand von uns lebt wohl ganz, ohne der Versuchung dazu zu erliegen –, werden unsere Herzen eng und kalt. Es gibt nicht nur den physiologischen Herzinfarkt; es gibt viele Weisen, wie die Empfindsamkeit unseres Herzens für Gott und füreinander sich verschließen kann. Der Zeigefinger Johannes weist uns auf den, der nicht nur am in der Taufe gefeierten Anfang von Glaubenswegen den Menschen im Geist und im Feuer erneuert. Wir werden Menschen nach dem Willen Gottes und nach unserer eigenen Sehnsucht, wo wir immer neu den Einflußbereich des einen Gott ganz gelungenen Menschen suchen und uns glaubend seiner Nähe aussetzen.

Dazu sind wir versammelt. In der Kommunionbitte unseres Hochgebetes bitten wir um Anteil am Leib und Blut Christi, damit uns darin der Geist erfüllt und zu einer Gabe an Gott macht, die für immer ihm gefällt. Adventliche Buße meint nicht unsere Selbstanstrengung, sondern die dauernde Offenheit für den, der in unser Leben kommt, um sich als der Stärkere zu erweisen, d. h. als der, der stärker ist als alle Versuchungen, unsere Hoffnung auf Gottes Verheißungen zurückzunehmen und uns auf uns zu begrenzen.

4. Adventssonntag
Die Seligkeit Marias
(Lk 1, 39-45)

Der doppelte Gruß

Der Evangelist Lukas läßt die beiden Kindheitserzählungen von Johannes und Jesus in unserem heutigen Evangelium sich überschneiden. Dabei kommt es zu einem doppelten Gruß. Johannes hüpft im Schoß seiner Mutter voll Freude auf. So beginnt er sein prophetisches Hinweisen auf den, in dem Gott all das Wunderbare wahrmachen wird, das in Israel erträumt wird. Damit bricht die Weihnachtsfreude schon vor der Geburt Jesu auf unserer Erde an. Und Elisabeth – erfüllt vom Heiligen Geist – erkennt, daß sich ihr Sohn in ihrem Schoß nicht einfach irgendwie bewegt, sondern ihr etwas sagen will. In Maria kommt nicht nur eine nahe Verwandte zu ihr. Sie hat Besuch von der Mutter ihres Herrn. Sie preist Maria selig, d. h. in lauter Freude gehüllt. Und sie gibt noch dazu den Grund dieser Freude an: den Glauben Marias. Es ist das älteste Zeugnis der Marienverehrung. Es sollte alle Marienverehrung leiten.

Der Glaube Marias

Glaube ist immer Antwort auf eine Initiative Gottes. So rief Gott Abraham heraus aus seinem Lebenszusammenhang auf einen Weg, den Gott ihm zeigen wollte. So folgte Moses der Weisung Jahwes, sein Volk aus der Gefangenschaft zu führen und durch die Wüste in das Land der Verheißung. So wurde der Engel zu Maria gesandt, um ihr den Sohn anzukündigen, den sie durch die Überschattung mit der Kraft des Höchsten empfangen soll. Und Maria gab ihre Glaubensantwort: Ich bin die Magd des Herrn; mir geschehe, wie du gesagt hast. Gott tritt nicht ein, ohne anzuklopfen. Er überwältigt nicht mit seiner Nähe. Er wirbt um die Menschen. Er ruft sie an. Menschen sind nicht Objekte seines Handelns. Gott sucht eine Geschichte mit ihnen, in der sie erfahren sollen, daß das Eingehen auf Gottes Weg der Sinn ihrer Freiheit ist. In dem Augenblick, als Maria sich als Magd des Herrn seinem Handeln an ihr übereignete, ergriff sie ihre ganze Freiheit, um Raum für Gott zu werden.

Nicht alle Religion ist Glaube

Oft werden Religion und Glaube gleichgesetzt. Irgendwie glauben dann sehr viele oder sogar alle an Gott. Das ist sehr ungenau und verwischt wichtige Unterschiede. Am verbreitetsten ist – wohl auch in unseren großen Kirchen – eine Religion, die zwar den Segen Gottes in den eigenen privaten Anliegen und Sorgen sucht, die aber wenig darauf hört, welche Anliegen wohl Gott an uns heranträgt und wofür er uns in Anspruch nehmen will. Es ist nicht der Glaube Abrahams, Moses' oder Marias, wenn Sportler vor ihrem Start ein Segenszeichen setzen, um Gott für ihren Sieg anzurufen, sonst aber nicht nach Gottes Weg mit ihnen fragen. Viel frommer Betrieb kann Belästigung Gottes sein, wenn er nur sagt und singt, was die Menschen von Gott wollen, aber nicht darauf hört, was Gott von den Menschen will. Jesus fordert zwar durchaus auf, mit allem, was wir brauchen, zu Gott zu kommen; aber zuerst läßt er uns in seinem Gebet darum bitten, daß Gottes guter Wille die Herzen der Menschen ergreift. Übrigens können manche Menschen, die Gott nicht im Munde führen und ihrer Beziehung zur Religion sehr unsicher sind, im biblischen Sinn eher Glaubende sein als Menschen, die sich als sehr religiös bezeichnen. Es kann sein, daß sie für den inneren Ruf, wofür sie dasein sollen, sehr offen sind und, ohne dies zu wissen oder zu ahnen, Gott antworten, wenn sie für ihren erkannten Lebenssinn verfügbar werden, sich also in ihrer Freiheit beanspruchen lassen.

Gabe und Aufgabe

Wohl in jeder Elternschaft wird das Ineinander von Gabe und Aufgabe unmittelbar erfahren. Das Kind ist Geschenk. Es macht das Leben seiner Eltern reich. Es gibt ihm Sinn. Das Kind ist zugleich ein Anspruch. Es bindet die Eltern. Es kann sie sogar belasten. Beides gehört ganz eng zusammen. So ist es in der Seligkeit Marias, die Elisabeth ausruft. Wurde schon jeder Sohn als Gnade erfahren (warum nicht auch jede Tochter, müssen wir heute kritisch fragen), umso mehr dieses eine Kind, das ungezählten Menschen zur Freude gereichen soll. Nicht nur Mutter soll Maria werden, sondern – wie die Kirche im Nachdenken über das Geheimnis des Kindes später formulieren wird – Mutter Gottes. Eine einzigartige Gabe. Und eine einzigartige Herausforderung des Glaubens eines Menschen. Maria nimmt sie auf, geht rückhaltlos auf den Willen Gottes mit ihr ein. »Magd« nennt sie sich, und dies ist zum

Ehrentitel für den Menschen geworden, der in Freiheit Raum wird für Gott. Maria trägt diese ihre Seligkeit zu ihrer Verwandten Elisabeth. Da beginnt eigentlich schon die Kirche: im prophetischen Zeugnis für Gottes Kommen in Jesus, in der Erkenntnis der Freude des Evangeliums, in der Wertschätzung des Glaubens und im Lobpreis Gottes durch Maria selbst.

Unsere Seligkeit

Unser letztes Konzil nennt Maria das Urbild der Kirche. Wir sollen also in ihr unsere eigene Seligkeit entdecken und ergreifen. Da ist die große Gabe des Glaubens, nicht einfach irgendwie so ins Leben geworfen zu sein und nun sehen zu müssen, was daraus zu machen ist; sondern von Gott als dem väterlich-mütterlichen Geheimnis der ganzen Schöpfung gewollt zu sein. Da ist die große Gabe des Glaubens, daß dieses gute Geheimnis allen Lebens in Jesus nach uns ruft und sich uns mitteilt. Wir dürfen und sollen – anders als Maria und doch auch wie sie – Jesus empfangen, ihn in uns wohnen lassen. Mit diesem Schatz dürfen wir leben. Zur Freude daran gehört die Aufgabe, glaubend für Gottes Weg mit uns verfügbar zu werden, d. h. – wie unser letztes Konzil sagte –, für Gott zu einem Werkzeug zu werden für die Versöhnung der Menschen mit Gott wie für die Einheit der Menschen untereinander. Es klingt widersprüchlich, wenn wir sagen: Als Mägde und Knechte ergreifen wir unsere Freiheit, finden wir unsere Würde und erfüllt uns Freude. In Maria aber wird uns vorgestellt, wie Verfügbarkeit für Gott von Herrschaften befreit, die binden, erniedrigen und betrügen.

Uns Gottes Kommen öffnen

Wir sind zusammen, um das Geheimnis unseres Lebens neu zu empfangen und darin bleibend und wachsend Raum für Gottes Dasein bei uns Menschen zu werden. Wir sollen mit der Seligkeit der Glaubenden erfüllt werden, denen Gott selbst sich mitteilt und durch die er zu den Menschen getragen werden will. Wenn unser Glaube aufnimmt, was wir mit dem Munde empfangen werden, werden wir bereit für das Fest der Geburt Jesu. In ihm geht es ja darum, daß Gott heute Menschen findet, die auf sein Anklopfen hin aufmachen.

Weihnachten
»Heute wurde euch der Heiland geboren.«
(Lk 2,11)

Unsere Welt ist noch nicht heil

Vieles von dem, was wir von unserer Welt hören und wissen, steht im Kontrast zu der Botschaft der Engel an die Hirten, ihnen sei der Heiland geboren – er, durch den alles gut werden soll. Es ist nicht alles gut geworden. Es ist heute nicht alles gut – weder in uns selbst und in unseren kleinen Lebenswelten noch in unserer großen gemeinsamen Welt. Das, was die Propheten im Namen Gottes ankündigten, geschah so damals nicht. Israel wurde nicht befreit von seiner Besatzungsarmee. Es erstand nicht eine Welt ohne Kriege. Das Land war nicht erfüllt von einer Gerechtigkeit, die allen ihren Anteil am Leben gab. So, wie die Juden damals den Messias erwarteten, kam er nicht und ist er bis heute nicht gekommen. Wir leben nicht in einer geheilten und erlösten Welt. Viele haben Grund, eher sehnsüchtig zu rufen »Tauet, Himmel, den Gerechten« als freudig zu singen »Christ, der Retter, ist da!« Daß der Messias mit der Macht Gottes alles neu erschafft ohne Tränen und Tod, darauf warten wir zusammen mit unseren Schwestern und Brüdern, den Juden.

Doch der Heiland ist da.

Dennoch feiern wir Weihnachten, die Geburt Jesu. Wir lassen uns zu dem ganz einfachen Geschehen, daß Maria in einem Stall von Bethlehem ihr Kind zur Welt bringt, von den Engeln sagen: Heute ist euch der Heiland geboren. Da ist es, dieses wichtige Wort, das wir im Evangelium des Lukas wiederholt hören: HEUTE. Es bleibt zwar dabei, daß wir auf das alles verwandelnde Kommen des Messias in Macht und Herrlichkeit warten – auch in in dieser Feier rufen wir im Hochgebet aus: »... du kommst in Herrlichkeit.« Doch das ist nicht alles. Engel verkündeten den Hirten damals, daß bereits von Gott her wirklich etwas geschehen ist. Der Heiland ist zur Welt gebracht – wie unsere Sprache das Geschehen einer Geburt so gut benennt. Nun ist er da – in dieser unserer Geschichte mit ihren Freuden und Nöten, ihren Hoffnungen und Ängsten, auf dieser unserer schönen und geplagten Erde, unter uns Menschen, die wir so gut und so böse sein können, einander leben helfen und uns gegenseitig umbringen.

Die Zeit des Heute

Wenn der Evangelist Lukas vom Heute spricht, dann meint er damit nicht einen beliebigen Zeitraum von 24 Stunden. Er meint dann, daß sich in der Zeit, die nun gerade da ist, etwas ereignet, was alle darauf folgende Zeit verändert. Wir kennen wohl auch sonst aus unserem Leben, daß es das eine oder andere Heute gibt, durch das etwas neu und anders wird: das Heute der Begegnung mit dem Menschen, der einem ganz wichtig wird; das Heute einer beruflichen Chance, die den weiteren Weg bestimmt; das Heute der Geburt eines Kindes, das als faszinierende Gabe und Aufgabe erfahren wird; das Heute einer überraschenden Lebenseinsicht, die vieles oder alles neu sehen läßt. Es gibt auch das schwere Heute: das Heute einer Enttäuschung, die Wunden hinterläßt; das Heute einer Erkrankung, die nicht mehr von einem genommen werden kann; das Heute eines schmerzlichen Verlustes. Unsere Lebenszeit ist nicht wie der unberührte Gang einer Uhr. Da gibt es Zeiten, die es in besonderer Weise in sich haben.

Im damaligen Heute begann unsere Heilung.

Eine solche Zeit sehen wir in der Geburt Jesu. Wir glauben dem Wort der Engel an die Hirten: »Heute ist euch der Heiland geboren.« Zwar bleibt es dabei, daß dadurch nicht auf einmal alles gut wurde; aber es ist doch wahr, daß mit diesem Kind, das Maria zur Welt brachte, Gott angefangen hat, alles gut werden zu lassen. Es geschah wirklich und wahrhaftig etwas, was unsere Zeit veränderte. Es geschah vieles anders, als es erwartet wurde. Gott trat in diesem Kind in unbewaffneter Ohnmacht in unsere Zeit ein. Er installierte nicht eine machtvolle Weltregierung, die überall unbestechliche Gerichte einsetzt und eine Wirtschaftsordnung durchsetzt, in der von den übervollen Tischen der Reichen die Tische der Armen mitgedeckt werden. Er gebietet nicht den Winden, die Luxusjachten in den Abgrund zu treiben und den Bootsflüchtlingen ans Land zu helfen. Und doch: Es begann ein Prozeß der Heilung. So, wie in der Krise einer Krankheit der Weg ins Leben neu eingeschlagen werden kann. So begann damals, mit der Geburt Jesu, die Heilung unserer Welt und unserer Geschichte durch Gott.

Heilung von unten und von innen

Auch wenn wir im eigenen Leid und angesichts des ungerechten Leides anderer ungeduldig danach verlangen, daß endlich wirklich alles ganz gut wird, so ist uns zugleich wohl nicht ganz fremd, wie Gott in Jesus damit anfängt: nicht von oben mit Gewalt, sondern von unten mit Erbarmen und Demut; nicht von außen mit fordernden Befehlen, sondern von innen durch Wandlungen im Herzen der Menschen. Daß Gott in Jesus ohnmächtig in unsere Zeit tritt, ist nicht ganz richtig. Die Evangelien bezeugen, wie er handelte und verkündete: mit Macht – mit Macht über die bösen Geister, die die Menschen daran hindern, Menschen zu werden; mit Macht über die Sünde, die die Menschen von Gott und voneinander trennt; mit Macht über die vielen Gebrechen, in denen der Tod in das Leben hineinragt. Die Macht Jesu ist aber nicht vergewaltigend, sondern werbend. Sie wird zwar Opfer des Hasses und des Widerstandes gegen Gott; aber damit ist sie nicht am Ende. Gerade von der bis ans Kreuz gehenden Liebe entfaltet sich der heilende Machtbereich Jesu, der ungezählte Menschen der vielen Völker und Zeiten seit damals ergriffen hat und ergreift.

Unser Grund, die Geburt Jesu zu feiern

Es gibt Menschen, die aus eigener Erfahrung bezeugen können, daß sie Grund haben, die Geburt Jesu zu feiern. Ich erhoffe und wünsche uns, daß wir zu ihnen gehören dürfen – nicht aus eigenem Verdienst, sondern durch Begegnungen, in denen uns der Sohn nahe kam, den der Vater im Himmel damals in unsere Welt und Zeit hineingab. Auch als Glaubende sind wir noch nicht die heilen Menschen, als die wir einmal im Leben Gottes ganz neu erstehen sollen; aber wir können doch Erfahrungen damit haben, daß Gott uns im Wort und in der Lebenshingabe seines Sohnes zu heilen beginnt – an Leib und Seele. Ganz ohne diese Erfahrung könnten wir nicht Weihnachten feiern; denn welchen Grund hätten wir dann, uns über diese Geburt zu freuen? Es gibt eine Spur des Lichtes vom Stall in Bethlehem hinein in unsere Geschichte. Menschen, die der Botschaft der Engel trauten, sich ihr anvertrauten, lebten getragen von der Wahrheit, daß Gott durch die Menschwerdung seines Sohnes in unser aller Leben da ist – in Freude und Leid – auf Höhen und in Tiefen – im Leben und im Sterben. Die Geburt Jesu war das große Heute, durch das die Geschichte der Menschen zu heilen beginnt.

Das Heute unseres Festes

Wenn wir die Feste unseres Glaubens feiern, geht es nicht nur um Erinnerungen an damals. Das Heute von damals will uns hier in unserem Heute ergreifen. Wo Menschen recht Weihnachten feiern, d.h., wo sie sich glaubend öffnen für Gottes Liebe im Kind Marias, dort wird ihr Fest zu einem heute heilenden Handeln Gottes an ihrem Leben. Der Himmel tut sich auf und ergreift uns Menschen. Von unten, aus der Niedrigkeit der Krippe, kommt uns das Geheimnis unseres Lebens neu nahe. Wenn wir uns dieser Gabe glaubend bis zum letzten öffnen und die Liebe Jesu empfangen, führt Gott sein erneuerndes Werk in uns fort. Von dort drängt es dann nach außen und vielleicht auch zu den Mächtigen oben, daß sie sich zu den Kleinen unten bekehren. Wo wir so Weihnachten feiern, lassen wir uns nicht nur von den Engeln sagen: »Heute ist euch der Heiland geboren«; wir können es dann auch als unseren eigenen Glauben bezeugen: »Heute ist uns der Heiland geboren; er ist der Retter der Welt.«

Fest der Heiligen Familie
Kinder freigeben für ihr eigenes Leben
(Lk 2,41-52)

Der andere Vater

Es ist nicht gerade eine Familienidylle, die uns im Evangelium zum Fest der Heiligen Familie vorgestellt wird. Das Verhalten Jesu versetzt seine Eltern in große Angst. Und seine Entschuldigung verstehen sie nicht. Auch wenn Jesus noch einmal mit den Eltern geht und sich in ihr Leben einfügt, so ist doch deutlich, daß Jesus noch einen anderen Vater als den irdischen hat und daß der Vater, der Jesus im Tempel festhielt, der sein wird, für dessen Willen Jesus leben und sterben wird. Vielleicht kann die Annahme des Konfliktes zwischen den Eltern und Jesus eine Hilfe für den Umgang miteinander in unseren Familien sein.

Die Festlegung auf die Familie

Das Geborgensein im Schoß einer Familie ist zunächst für alle Menschen eine Notwendigkeit. Am Anfang unseres Lebens brauchen wir, daß wir umsorgt und ernährt, geschützt und umhegt werden. Wir müssen unsere ersten Schritte an der Hand der Eltern gehen und brauchen es noch lange, daß sie uns auf Gefahren aufmerksam machen und unsere Wege dirigieren. Es gab Zeiten, in denen die Menschen im Heranwachsen nicht aus ihren Familien herauswuchsen, sondern in ihre familialen Aufgaben eingewiesen wurden. Die Geborgenheit in einer Familie war dann zugleich eine Festlegung des Lebens auf die Familie. So ähnlich war es zur Zeit Jesu. Der Mensch gehörte vom Anfang seines Lebens bis zum Ende in die Familie.

Freiheit für die Sache seines Vaters

Das läßt uns den Konflikt, um den es im Evangelium geht, besser verstehen. Jesus macht im Tempel die Erfahrung, daß es für sein Leben wichtigeres geben wird als seine Herkunftsfamilie. In der Antwort Jesu an Maria heißt es:»Wußtet ihr nicht, daß ich in dem sein muß, was meinem Vater gehört?« In einer anderen Übersetzung können wir lesen:»Wußtet ihr nicht, daß ich bei der Sache meines Vaters sein muß?« (F. Stier). Nicht die Eltern dürfen den Sinn und Auftrag Jesu bestimmen. Das, was Jesus mit seinem Leben zu tun hat, wird von dem anderen Vater vorgegeben. Was diesem Vater wichtig ist, muß Jesus wichtig werden. Was dieses Vaters Sache ist, muß zur Sache Jesu werden. Das Evangelium deutet die schwere Aufgabe der Eltern an, Jesus dafür freizugeben.

Das eigene Leben in unserer Gesellschaft

Das Leben in unserer Gesellschaft ist dadurch gekennzeichnet, daß die Menschen nicht nur in ihren Familien leben. Schon früh müssen Kinder lernen, in anderen Räumen – z. B. Kindergarten und Schule – anders zu leben als in der Familie. Fast alle Erwachsenen verlassen täglich den Raum der Familie für ihre berufliche Tätigkeit. Jugendlichen werden ihre Beziehungen zu Gleichaltrigen ebenso wichtig oder wichtiger als die Beziehungen in der Familie. Eltern müssen ihre Kinder freigeben in ihr eigenes Leben. Ein altes Wort sagt: Kinder sind Gäste, die nach dem Weg fragen. Manchmal fragen sie heute nicht einmal mehr nach dem Weg, sondern machen sich auf eigene Faust auf, wenn die Zeit gekommen ist. Es mag da oder dort noch geschehen, daß Eltern ihre Kinder vorprogrammieren, sie mit ihren Erwartungen lenken, sie auf Familientradition festlegen – z. B. in einem Betrieb. Unser gesamtgesellschaftliches Klima aber fordert die Kinder heraus, ihr eigenes Leben zu entwerfen und zu gestalten. Und es mutet den Eltern die Freigabe ihrer Kinder für deren eigenes Leben zu.

Einander lieben, ohne einander zu besitzen

Unser Evangelium zeigt, wie Glaube bei dieser Freigabe helfen kann. Jesus mußte seinen Eltern gegenüber sein eigenes Leben einfordern. Dazu verweist er auf den Lebensauftrag, den er vom Vater empfängt. Wenn Kinder nach ihrem eigenen Leben suchen, geht es im Grunde darum, das zu finden, was Gott mit ihnen will. Wo Eltern an ihren Kindern sehen können, daß diese ihren Weg in der Offenheit für Gott als ihren Vater suchen, da können sie diese vertrauensvoll freigeben. Sie verstehen vielleicht nicht immer gleich, warum es dieser oder jener Weg sein muß; aber sie können doch darauf verzichten, ihrerseits vorzugeben, was der Weg ihrer Kinder zu sein hat. Hinzu kommt die Perspektive der Kinder. Wo Kinder schon früh und im Heranwachsen immer deutlicher erfahren, daß ihre Eltern sie dem anderen Vater anvertrauen und auf einen Weg mit ihm freigeben, dort hilft es ihnen, sich von ihren

Eltern freizumachen, ohne sich damit von ihnen zu trennen. Im gemeinsamen Glauben an Gott können Menschen einander lieben, ohne einander besitzen zu wollen. Das gilt für die Liebe zwischen Frau und Mann in der Ehe, und es gilt für die Liebe zwischen Eltern und ihren Kindern.

Gottes Weg mit allen

Es ist heute eine verbreitete Not von Eltern, daß sie zwar sehen, wie ihre Kinder ihr eigenes Leben suchen, dabei aber nicht glaubend nach Gott in ihrem Leben fragen. Wie kann auch da noch der Glaube den Eltern helfen, Kinder loszulassen? Unser Glaube läßt uns vertrauen, daß Gott mit jedem Menschen seine Geschichte hat – auch mit denen, die sich von der Glaubensgemeinschaft entfremden oder gar nicht erst in sie hineinfinden. Allen, die da ihr eigenes Leben suchen, gibt Gott Anregungen ins Herz, wie sie für seine Sache unter den Menschen, für Solidarität und Güte, für Versöhnung und Gerechtigkeit, nicht nur für das eigene Leben, sondern auch für das anderer einzustehen haben. Wo Eltern sehen, daß ihre Kinder nicht ohne diese Anregungen bleiben und ihnen folgen, dürfen sie sie auf einem Weg mit Gott glauben. Sicher gibt es da auch die anderen Stimmen, die – wie auch bei uns – das Leben eng und kleinlich, nur unterhaltsam oder sogar egoistisch machen wollen. Das gibt Grund zur Sorge – auch zur Sorge um unser eigenes Leben. Darum brauchen wir und unsere Heranwachsenden kritische Begleitung und fürbittendes Gebet.

Versammlung der einen Familie Gottes

Wir sind versammelt als Familie, die Jesus als die zusammenführt, die gemeinsam dem einen Vater gehören. Blutsbande können verbinden und zugleich von anderen Menschen trennen. Uns verbindet der eine Geist, in dem der Vater die eine Menschheitsfamilie mit sich versöhnen und untereinander vereinen will. Das dürfen wir feiern, damit es uns neu zu der Sache Gottes wird, für die wir uns beanspruchen lassen und gegenseitig freigeben.

Jahreswechsel
Fest der Gottesmutter Maria

Das Wunder des Weges

Es gibt Sätze, die zwar nicht in der Bibel stehen, aber Glaubenserfahrungen biblischer Überlieferung zur Sprache bringen. Dazu gehört ein Satz Reinhold Schneiders. Dieser Schriftsteller ist für viele Christen im 2. Weltkrieg und in den Jahren danach sehr wichtig gewesen. Der Satz lautet:»Der Weg wächst im Gehen unter deinen Füßen, wie durch ein Wunder.«

Der Weg, der nicht schon vor uns da ist

Es gibt Wege, die schon vor uns liegen, bevor wir sie gehen. So sind unsere Wege zum Arbeitsplatz oder zur Schule. So sind die Straßen, die wir auf unseren Landkarten suchen. Sie sind da, bevor wir uns aufmachen. Anders ist der Weg unseres Lebens. Unser Weg im kommenden Jahr ist nicht schon da. Für vor uns liegende Wege können wir zwar Pläne machen – Pläne für unseren Beruf, unsere Familien, einen Hausbau. Aber damit ist unsere Straße in die Zukunft nicht schon fertig. Sie wird diesen Plänen vielleicht entsprechen, vielleicht aber auch gar nicht, vielleicht aber wird es ein überraschend anderer Weg.

Der Weg, auf den wir zurückschauen

Im Rückblick auf das zu Ende gehende Jahr können wir wahrnehmen, wie unser Weg im Gehen unter unseren Füßen wuchs. Das kann wie eine ziemlich banale Feststellung klingen. Im Glauben kann es aber die Wahrnehmung eines Wunders sein. Gott schafft uns den Weg unter unseren Füßen – Tag für Tag und Jahr für Jahr. Wir sind nicht Herr unseres Weges, aber Gott kennt ihn bereits und läßt ihn unter uns wachsen. Das gilt für unseren je eigenen Weg wie für unseren gemeinsamen Weg in Ehen und Familien, in unseren kleineren und größeren Glaubensgemeinschaften und Freundeskreisen. Der Jahreswechsel, an dem eigentlich nichts Besonderes geschieht, kann Anlaß sein, zurückzublicken und das Wunder anzuschauen, wie unser Weg unter uns wurde. »Wunder« meint hier in der Sprache Reinhold Schneiders, daß wir das Geschehen nicht durchschauen und doch ganz mit ihm vertraut sind.

Wir durchschauen das Geheimnis unseres Lebensweges nicht; aber wir können zutiefst aus der Erfahrung leben, daß uns der Weg unter unseren Füßen geschenkt wird. Manchen Weg können wir dabei froh und dankbar annehmen. Andere Wege können uns schwer und fremd sein. Doch oft sind es im Rückblick gerade diese Wege, die uns wirklich weiterbrachten – in unseren Beziehungen zu uns wichtigen Menschen und in unserer Beziehung zu Gott als dem Geheimnis unseres Weges.

Glauben: eingehen auf Gottes Weg mit uns

Wenn Reinhold Schneider sagt, daß unser Weg im Gehen unter uns wächst, dann meint er: Wenn wir uns einlassen auf Gottes Weg mit uns, dann geschieht das Wunder des Weges. Wir können uns eingraben und den Weg verweigern. Wir können uns andere Wege suchen oder uns in Sackgassen verrennen. Gott ruft uns aus unseren Gräben heraus, lockt uns in seine Zukunft mit uns, wirbt um unsere dauernde Umkehr auf den Weg, den Jesus uns vorausgegangen ist. Im Licht dieses Weges begehen wir als Glaubensgemeinschaft den Wechsel unserer Jahre. Glaube meint in der Bibel: eingehen auf Gottes Weg mit uns. Und die Erfahrung des Glaubens ist dann, daß unter unseren Füßen der Weg wächst, daß wir nicht ins Leere treten, sondern wirklich vorankommen in ein Land, das wir noch nicht kennen, das wir aber als Versprechen unseres Gottes schon in uns tragen. Um das Wunder, von dem Reinhold Schneider spricht, wirklich wahrzunehmen, müssen wir auf das achten, was er nicht sagt. Es ist nicht davon die Rede, daß wir unsere eigenen Straßenbauer sein müssen. Das wäre zu anstrengend für uns. Unsere Sache ist zu gehen. Der Weg unter unseren Füßen ist dann Gottes Sache. Wir waren nicht die Bauer unseres Weges im zu Ende gehenden Jahr. Und wir müssen uns auch die Straße des kommenden Jahres nicht selber bauen. Wir dürfen und sollen gehen – vertrauensvoll und gehorsam, suchend und findend, handelnd und auch leidend, Schritt für Schritt und Tag für Tag. Dann wächst der Weg unter unseren Füßen.

Gemeinschaft auf dem Weg und Nahrung für den Weg

Wenn wir in Gemeinschaft des Glaubens den Jahreswechsel begehen, verbindet uns hoffentlich die Erfahrung, wie gut es uns tut, miteinander das geheimnisvolle Wunder unseres Weges teilen zu können. Viele sind allein unterwegs. Viele mißtrauen ihrem Weg. Wir dürfen immer wieder zusammenkommen und uns dessen vergewissern, daß unser Gott seinen Weg mit uns und für uns hat. So dürfen und können wir auch anderen Mut machen für ihren Weg, selbst wenn sie ihn nicht als Gottes Weg mit ihnen wahrnehmen. Und wir dürfen miteinander auch teilen, wie unser Gott uns auf unseren Weg ruft und für unseren Weg nährt. Hier müssen wir das Wort Reinhold Schneiders noch ergänzen. Nicht nur, daß wir unseren Weg nicht selber bauen müssen; wir müssen auch nicht aus eigener Kraft gehen. Jesus, unser Weg, gibt sich uns, um bei uns zu sein mit seiner Kraft zu gehen und zu tragen. Aus der Erfahrung dieser Gabe dürfen wir vertrauensvoll den Raum des beginnenden neuen Jahres betreten. Wir tun es am 7. Tag des Weihnachtsfestes, an dem wir Maria als Mutter unseres Herrn feiern. Das Wunder des Weges läßt uns die Zeit, die Gott uns gibt, mit dem Glaubenswort Marias annehmen:»Siehe, ich bin die Magd des Herrn; mir geschehe, wie du es gesagt hast.«

2. Sonntag nach Weihnachten
Kinder Gottes
(Jo 1, 1-5. 9-14)

Erwachsene als Kinder

Unsere Paxis der Säuglingstaufe hat dazu beigetragen, daß wir zuerst an kleine Kinder denken, wenn wir »Kinder Gottes« hören. Das Evangelium meint etwas anderes, wenn es von der Macht, Kinder Gottes zu werden, spricht. Da ist von einem Qualitäts- und Würdetitel erwachsener Menschen die Rede. Da spricht das Evangelium von Menschen, die als Erwachsene zum Glauben kamen, das von vielen abgelehnte Licht der Welt aufnahmen und in ihrer Taufe eine Neugeburt ihres Lebens erfuhren. Es ist also nicht von Kindern im Sinne eines frühen Stadiums des Menschseins die Rede, aus dem man herauswächst. Es wird vielmehr von einer Beziehung gesprochen, in der Menschen bleiben. Wir bleiben auch als Erwachsene Kinder unserer Eltern. Dieses, daß wir Kinder unserer konkreten Eltern mit ihrer Geschichte, mit ihren Gaben und Grenzen sind, können wir nicht ablegen. Die Beziehungen zwischen Eltern und ihren Kindern verändern sich, wenn die Kinder erwachsen werden; aber es bleibt die Beziehung zwischen Eltern und Kindern. Die Verantwortung füreinander wird gegenseitig und schließlich sogar umgekehrt einseitige Verantwortung der Kinder für die Eltern; aber immer bleiben die Kinder Kinder ihrer Eltern. Als Kinder sind sie dann auch Erben.

Von der Art unserer Eltern sein

Wir wissen heute noch mehr als schon die Menschen vor uns, wie stark unser Leben davon geprägt ist, daß wir Kinder unserer Eltern sind. Da sind zum einen die genetischen Vorgaben. In uns ist das Erbprogramm von Vater und Mutter auf einzigartige Weise verschmolzen. Das betrifft nicht nur unsere äußere Erscheinung; es prägt auch unsere seelischen Veranlagungen und Möglichkeiten, Grenzen und Belastungen. So sind wir genetisch von der Art unserer Eltern. Das wird verstärkt dadurch, daß wir normalerweise durch den engen Kontakt mit unseren Eltern in deren Lebensart eingewiesen werden. Wir lernen ihre Sprache, wir haben Anteil an dem, was ihnen wertvoll ist, wir schauen an ihnen ab, wie sie miteinander und mit ihrem Leben umgehen. So wichtig ist die frühe Menschwerdung nach der leibhaftigen Geburt, daß Menschenkundler von einer »zweiten Geburt« sprechen. Auch durch sie werden wir Kinder von der Art unserer Eltern. Spätere Einflüsse können hinzukommen, aber nicht löschen, was in dieser zweiten Geburt geschah.

Der Mensch: Geschöpf von der Art Gottes

In der uns allen vertrauten Geschichte vom Anfang lesen wir, daß Gott den Menschen als sein Abbild schuf. Darin spricht sich eine frühe Ahnung aus, daß das Leben des Menschen, das Leben von Mann und Frau noch mehr als alle Wunder der Schöpfung etwas vom Geheimnis Gottes sichtbar macht. Eines der Lieder, die wir mit den Juden singen, staunt über das Geheimnis des Menschen: »Seh ich den Himmel, das Werk deiner Finger, Mond und Sterne, die du befestigt: Was ist der Mensch, daß du an ihn denkst, des Menschen Kind, daß du dich seiner annimmst? Du hast ihn nur wenig geringer gemacht als Gott, hast ihn mit Herrlichkeit und Ehre gekrönt.« (Ps 8, 4-6) Nicht Arroganz läßt hier den Menschen über sich selbst staunen. Im Gegenteil, der Mensch kann in Demut nicht fassen, was Gott bewegt haben mag, den Menschen sich so nah zu schaffen. Die Würde des Menschen ist nicht sein eigenes Machwerk, sondern Gabe des Schöpfers.

Wunderbar erneuerte Würde

Wir leben nicht nur mit Erfahrungen, wie wunderbar Gott den Menschen erschaffen hat. Bedrängend sind die vielen Erfahrungen, wie das gute Schöpfungswunder Mensch sich in sein Gegenteil verkehren kann. Manchmal werden die dunklen Möglichkeiten des Menschen »unmenschlich« genannt; damit wird verschleiert, daß es eben gerade menschlich ist, daß das Geschöpf Mensch sich dem Bösen ausliefern und das Abbild Gottes zerstören kann. Tiere können sich nicht verfehlen wie der Mensch. Es klingt traurig im heutigen Evangelium, wenn die Wirklichkeit unserer Welt »Finsternis« genannt wird, die das Licht nicht erfaßt. Oder noch trauriger: »Er kam in sein Eigentum, aber die Seinen nahmen ihn nicht auf.« Anders gesagt: Gott kam mit seinem Wort der Liebe zu denen, die er nach seiner Art – nämlich zur Liebe fähig – erschaffen hatte; aber sie wollten nicht geliebt werden. Diese traurige Totalfeststellung nimmt der Evangelist zurück. Es gibt die, die das Wort aufnehmen, und sie bekommen die Macht, Kinder Gottes zu werden, d.h. Menschen, wie Gott sie von Anfang an wollte, Geschöpfe von seiner Art, fähig zum Umgang mit ihm und zu liebender Gemeinschaft untereinander. Es gibt eine Neugeburt des Menschen, wo Glaubende das Mensch gewordene Wort der Liebe Gottes in sich aufnehmen und durch seinen Geist Liebende werden. In einem unserer Weihnachtsgebete betet die Kirche:»Du hast den Menschen auf wunderbare Weise geschaffen und noch wunderbarer erneuert.« Der Sohn des lebendigen Gottes ist Mensch geworden, damit wir Gott doch noch als die Menschen gelingen, die die Herrlichkeit seiner Liebe empfangen und miteinander teilen.

Gemeinschaft mit dem Sohn

Die wunderbare Erneuerung unserer Menschenwürde feiert die Kirche in der Taufe von Menschen, die dann als Zeugnis für alle Menschen den Würdetitel »Kind Gottes« führen. In der Taufe feiert die Kirche ja etwas, was Gott mit allen Menschen will: daß sie ihm als seine Abbilder, als seine Kinder gelingen. Mit uns hat Gott einen Anfang gemacht, der der Ausgestaltung bedarf. In einem unserer Hochgebete bitten wir, daß Gott uns durch die immer wieder erneuerte Gabe der Liebe nach dem Bild seines Sohnes gestalte. Darum suchen wir nicht nur die Nähe, sondern sogar die Gemeinschaft mit seinem Sohn. Nur durch ihn und mit ihm werden wir Kinder Gottes und Miterben seiner Herrlichkeit im Vater.

Erscheinung des Herrn

Das Symbol des Sternes (Mt 2,1–12)

Wir tun uns schwer damit, die uns umgebende Wirklichkeit symbolisch wahrzunehmen. Sterne sind in unserem kritischen Denken eigentlich nur noch als Himmelskörper zugelassen, die Gegenstände astronomischen Forschens sind. Eine Ahnung davon, daß es noch eine andere Beziehung zwischen den Sternen und uns Menschen geben kann, hält sich fast nur noch in einer eher zum Aberglauben verkommenen Weise auf dem blühenden Markt der Horoskope. Auch auf ihm sind die Sterne und ihre Zeichen nicht mehr Symbole, sondern Faktoren irrationaler Schicksalsberechnungen.

Erfahrung der Führung

Symbolisches Denken verband mit den Sternen die menschliche Grunderfahrung, daß wir unser Leben nie ganz selber führen, sondern immer auch – auf von uns eher geahnte als durchschaute Weise – geführt werden. Welchen Weg unser Leben nimmt, hängt nur begrenzt von den Initiativen ab, die wir ergreifen. Vieles, was für den Lauf unseres Lebens wichtig wird, lassen nicht wir uns einfallen, sondern kommt uns oft unvorhergesehen zu. Es liegt nur zum geringen Teil an uns, welche Wege sich uns auftun und vor welche Entscheidungen wir geraten. Vor allem können wir nur wenig darüber verfügen, welchen Menschen wir begegnen, und gerade an diesen Menschen entscheiden sich die Möglichkeiten und Grenzen unseres Lebens. So gibt es keine totale Selbstbestimmung des Menschen. Zur Wirklichkeit menschlichen Lebens gehört vielmehr das Geheimnis, daß wir geführt werden. Unsere Freiheit liegt darin, für welche Führungen wir aufmerksam sind und welcher Führung wir uns anvertrauten.

Symbol der Führung

Mit den Sternen brachten Menschen vor uns diese Erfahrung in Verbindung, weil sie auf manchen Fahrten in dunkler Nacht zu ihnen aufschauten und bei ihnen Orientierung suchten. Sie waren ihnen Führer auf vielen Reisen und halfen ihnen zum Ziel. Und wie ihnen ihr Reisen und Ans-Ziel-Kommen Symbol ihrer Lebenswanderung war, so konnten ihnen die Sterne zu Zeichen für das Geheimnis werden, daß es in ihrem Leben Führung gibt, daß sich da in manchen Ereignissen und Begegnungen Wege öffneten, auf denen sie den Weg ihres Lebens weitergehen konnten. Vorher konnte es sein wie in dunkler Nacht mit der Erfahrung ziellosen Umherirrens oder lähmender Unsicherheit. Dann war die Erfahrung neuer Führung wie das Aufgehen eines Sterns, der den nächsten Schritt lenken kann.

Führung zum Glauben

Ganz und gar als Führung haben es Christen vor uns erfahren, wenn sie zu der Wahrheit fanden, daß ihnen im Menschenkind Marias der Sohn des lebendigen Gottes geschenkt ist. Niemals und überhaupt nicht hatten sie sich das selber einfallen lassen. Es stand gar nicht in ihrer Macht, dahin zu finden. Sie konnten nicht selbst beschließen, den Weg zum Glauben zu gehen, den Weg wurden sie geführt. Sein Stern war ihnen aufgegangen und hatte sie mit geheimnisvoller Macht zum Aufbruch getrieben. So wurden sie Suchende. Und wieder war es der Stern, der sie an den Ort führte, wo sie den fanden, den sie anbeten durften. Wenn ihr Leben dorthin kam, wo ihnen im Kind Marias das äußerste Zeichen der Liebe Gottes hingehalten wurde, wenn die Augen ihres Herzens wahrnahmen, zu welcher Hoffnung ihr Leben in dicsem Kind gerufen wurde, und wenn sie in ihren Schätzen sich selbst diesem Kind mit all ihrer Sehnsucht nach Leben übergaben, dann war das alles ein Wunder der Führung.

Unsere Führung zum Glauben

Wenn dieses Wunder uns heute in der Erzählung von den Magiern aus dem Osten bezeugt wird, erinnert es uns in einer Situation nachlassender Selbstverständlichkeit des Glaubens an das Geheimnis unseres eigenen Glaubensweges. Wenn wir – gegen den auch in uns mitwohnenden Unglauben – glaubend im Menschenkind den Sohn Gottes, des Vaters, wahrnehmen, dann waren es nie unser Selbstentscheid und unsere eigene Findigkeit, die uns dahin kommen ließen. Sein Stern muß uns aufgegangen sein und uns geführt haben. Wer und was das alles war, werden wir kaum durchschauen können; aber wir werden doch ahnen, wie Ereignisse und Begegnungen Sehnsucht in uns wachriefen, uns auf den Weg brachten und zu dem Ort leiteten, an dem wir die Erfahrung des Glaubens machen durften.

Hoffnung, weiter geführt zu werden

Wohl bei den meisten von uns, die wir langsam zu einem eigenen Glauben fanden und nicht eine bestimmte Stunde der alles neu begründenden Bekehrung benennen können, werden es mehrere Lebensorte gewesen sein, an denen wir anfingen anzubeten. Wir werden die Erfahrung kennen, wie manches uns davon wieder abdrängen kann und wir den Weg in der Nacht erst wieder suchen müssen – wartend auf seinen Stern, damit er uns führe. Im Glauben ist der Stern uns Symbol dafür, daß nicht eigentlich wir es sind, die ihn suchen, sondern daß es der Vater ist, der uns zu seinem Sohn zieht. In vielem kann uns sein Stern aufgehen und mit der Freude neu gefundenen Weges erfüllen. Wir wissen noch nicht, in welchen Situationen und Begegnungen wir Führung erfahren sollen. Menschen, die vor uns den Weg des Glaubens gegangen sind, bezeugen, daß es nicht zuletzt dunkle Zeiten auferlegter Lebenslast und ängstigender Krankheit sein können, in denen sein Stern neu aufleuchtet und zu ihm führt. Im Glaubenssymbol des Sternes dürfen wir hoffen, daß wir – wenn wir uns nur führen lassen – schließlich in unserem Tode zu dem Ort finden, der das Ziel ist, an dem wir nicht mehr nur glaubend, sondern schauend anbeten, und wo uns auch endgültig das Geheimnis aufgeht, wie sein Stern uns geführt hat.

Fest der Taufe Jesu
Mit dem ganzen Volk
(Lk 3,15-16. 21-22)

Der Wasserritus

Nicht nur bei uns im Christentum spielt das Symbolhandeln mit Wasser eine wichtige Rolle. In fast allen Religionen wird mit Hilfe von Wasser eine Grunderfahrung aufgenommen: die Sehnsucht nach einem reinen Leben, nach einer Befreiung von allem, was Menschen an sich selbst nicht leiden mögen, nach einem Neuanfang, in dem man Altes, Verbrauchtes, Hinderliches hinter sich läßt. Die auch von uns bei einem Bad oder einer Dusche erfahrbare leibhaftige Reinigung, Befreiung und Erneuerung wird beim Symbolhandeln für den ganzen Menschen in Dienst genommen. Das Verlangen nach Reinheit verstärkte sich unter der Predigt Johannes des Täufers; denn die Menschen sahen sich unter dem nahekommenden Gericht Gottes. Sie wurden sich bewußt, daß ihr Leben nicht unversehrt, ungebrochen, heil war. Dazu standen sie leibhaftig, wenn sie sich taufen ließen. Die Johannestaufe war leibhaftiges Bekenntnis, ein Sünder zu sein, und leibhaftige Bitte um neues, reines Leben.

Die Solidarität Jesu

Jesus hielt sich sicher nicht für einen Sünder. Unbehindert und ohne jede Verweigerung war er offen für den unendlich guten Willen seines Vaters. Für den Vater verfügbar zu sein war geradezu seine Nahrung. Dennoch hörten wir den einfachen Satz: »Zusammen mit dem ganzen Volk ließ auch Jesus sich taufen.« Er wurde mit dem Volk solidarisch. Obwohl selbst nicht Sünder, reihte er sich in die Reihe der Sünder ein. So weit geht die Menschwerdung des Sohnes. Er hält sich nicht heraus, sondern geht ganz ein in die von der Sünde zum Tode verletzte Menschheit. Es beginnt, daß er die Last und Krankheit der Menschen mitträgt. Er ist sich nicht zu gut, in die Gemeinschaft mit den Sündern zu treten. Sogar vor Gott will er nicht ohne die stehen, die von den Wegen Gottes abgewichen sind. Mit ihnen will er den Weg ins wahre Leben zurückgehen.

Die Alternative zur Gemeinde der Reinen

Es gab zur Zeit Jesu Fromme, die das Gegenteil von Jesus taten. Sie gingen aus dem Volk heraus. Sie zogen sich in die Wüste zurück. Sie lebten ein Leben der Reinheit und mieden jeden Kontakt mit unreinem Leben. Es gibt keinen Grund, gering von diesen Frommen zu denken. Sie erfüllten alte Weisungen, einen Lebensraum zu bilden, in dem es nach Gottes Willen hergeht. So wollten sie Gott einen Platz auf unserer Erde bereiten. Darin sahen sie ihre Berufung. Jesus setzt am Anfang seines Wirkens – und die Taufe steht an diesem Anfang – einen anderen Akzent. Er wird eins mit dem ganzen Volk. Nicht einige wenige gilt es zu retten. Es geht um das ganze Volk. Dieses will Gott durch ihn erreichen, indem er sich mit Jesus verbindet. Gott will alle und alles mit sich versöhnen.

Der Geist und das Wohlgefallen Gottes

Nicht umsonst öffnet sich über dem betenden Jesus nach seiner Taufe der Himmel für zwei wichtige Zeichen. Es ist wie eine Antwort auf den Weg Jesu in die Gemeinschaft der Sünder. Der Geist kommt über ihn. In seiner Kraft soll er die Wassertaufe des Johannes überbieten und die Menschen wirklich in ihrer Tiefe heilen und erneuern. Der Geist steigt auf den herab, der bei den Sündern das Werk der Versöhnung mit Gott auf sich nimmt. Der Geist ist Gottes Macht, Neues zu schaffen. Der von Johannes Getaufte wird seiner Kirche eine Taufe schenken, die wirklich neue Menschen schafft. Und dazu sprach eine Stimme: »Du bist mein geliebter Sohn, an dir habe ich Gefallen gefunden.« Die Liebe des Vaters gilt diesem Sohn in der Mitte der Sünder. Auf ihm ruht der Blick des Vaters mit Zustimmung und Freude. Jesus wird in todernsten Streit mit Gegnern geraten, die anders von Gott denken als er. Hier am Anfang wird verkündet, wer so handelt und spricht, daß Gott dazu sein bestätigendes Ja sagen kann und will.

Empfänger der Solidarität Jesu

Wir, die hier versammelte Kirche Jesu Christi, sind zuerst die Empfänger der Solidarität Jesu mit uns. Durch unsere Taufe und manches, hoffentlich sogar vieles Gute, das der Geist uns ermöglichte, ist in uns das wahre Leben zwar schon angebrochen. Es gehört zu unserem Selbstverständnis als Kirche aber zugleich, daß wir in unserer Berufung zur Heiligkeit doch eine Kirche der Sünder bleiben. Das hindert

Jesus nicht, unter uns zu sein. Schon der Jesus der Erdentage hielt nicht nur Mahl mit Gerechten, sondern auch mit Sündern. Wir sollen uns zwar prüfen, ob wir es ernst meinen mit unserer Liebe zu Gott und zum Nächsten; dann aber dürfen und sollen wir mit unserer alltäglichen Sündigkeit die Gegenwart Jesu an uns heranlassen, ihn heilen und erneuern lassen, ihn mittragen und ermutigen lassen. Gemeinde Jesu meint nicht eine heile Welt; aber es meint eine Gemeinde, die in der Nähe Jesu Heilung und Erneuerung immer wieder sucht.

Gesandte der Solidarität Jesu

Es war für die frühen Christengemeinden kennzeichnend, daß sie keine eigenen Wohnviertel – Ghettos – in den Städten bildeten. Sie versammelten sich zwar regelmäßig, wohnten aber zerstreut unter vielen anderen Menschen. Das war ein Zeichen. Sie sollten nicht aus der Welt herausgenommen sein, sondern wie Jesus die Gemeinschaft mit allen Menschen suchen und aufnehmen. Es geht Gott um »das ganze Volk«, d. h. die ganze Menschheitsfamilie. Die Kirche richtet um sich her keinen Schutzzaun auf. In ihren Versammlungen muß es zwar klar sein, worum es geht: um das Evangelium von Jesus Christus und die Gemeinschaft mit dem Gekreuzigten und Auferstandenen; aber von dieser Quelle drängt die Liebe Gottes nach draußen. Sie führt in die Solidarität mit denen, die sich der Liebenswürdigkeit ihres Lebens unsicher sind und Zeichen brauchen wie wir, daß sie trotz ihrer Gebrochenheit geliebt werden und liebenswert sind.

Der Osterfestkreis – Österliche Bußzeit

1. Sonntag der österlichen Bußzeit
Weg der Erneuerung unserer Taufe
(Lk 4,1-13)

»Erfüllt vom Heiligen Geist«

Wenn unser 40tägiger Weg zum Osterfest »Fastenzeit« genannt wird, kann die verzerrte Vorstellung entstehen, es gehe vor allem um eine Zeit des Verzichtens. Das Fasten ist nur ein Element österlicher Buße. Dabei meint es mehr als ein bloßes Verzichten. Es geht um etwas, was unserem Leben gut tun soll. Als Glaubensgemeinschaft denken wir vor allem an das Leben, das in uns durch unsere Taufe grundgelegt wurde: an die durch den Heiligen Geist in uns wirkende Liebe zu Gott und zum Nächsten. Achten wir auf den Anfang unseres heutigen Evangeliums, den wir leicht überhören:»Erfüllt von Heiligen Geist«, so wird Jesus dort genannt. Unser Menschsein kommt vom Atem Gottes in uns. Er ist in uns und wird uns erneuern durch die österliche Gabe unseres Herrn. Durch sie haben wir Anteil an seinem Erfülltsein vom Heiligen Geist und sind in Liebe Gott und einander verbunden. Österliche Buß- zeit meint mehr als Fasten. Ihr Ziel ist die Erneuerung unserer Taufe, das Leben aus und in der Kraft des Geistes Jesu.

Unsere geistliche Wirklichkeit wahrnehmen

Wir gehen unseren Weg als Christen nicht ohne Ablenkungen und Ver- weigerungen gegenüber den Anregungen des Geistes. Wir lassen es nicht nur an Konsequenz fehlen, sondern können die Glut wirklich lebendigen Lebens überdecken mit der Asche alltäglicher Routine. Die Versuchungen Jesu werden uns am ersten Sonntag der österlichen Buß- zeit vor Augen gestellt als Fragen an uns, als Hilfen, unsere geistliche Wirklichkeit wahrzunehmen und zu sehen, wo wir der Erneuerung bedürfen. So wird deutlich, daß wir weniger durch dieses oder jenes moralische Versagen bedroht sind als durch Mangel an Glauben.

Wovon leben wir?

Daß Menschen nicht vom Brot allein leben, wissen wir insbesondere durch Erfahrungen mit Kindern. Sie entwickeln sich nicht richtig, wenn sie nur gefüttert werden. Sie brauchen auch Zuwendung, Ansprache, Zärtlichkeit. Sie brauchen Zeichen, daß sie geliebt werden. Auch als Erwachsene brauchen wir mehr als eine gesunde Ermährung. Schon an unseren Tischen leben wir nicht nur von dem, was in den Schüsseln und auf den Tellern ist, sondern auch von dem, was gesprochen wird. Wir brauchen Austausch, Anregung, Anerkennung, Kritik, gegenseitige Bereicherung. Wir haben Erfahrung damit, daß Worte Nahrung sind. Es gibt einen richtigen Hunger nach Worten, die uns gut tun, uns aufrichten und stärken.

Jesus spricht im Evangelium vom Wort Gottes. Er will sagen: Menschen leben nicht nur von den guten Worten, die sie füreinander haben. Sie leben auch davon, daß sie sich von Gott seine Zuwendung und Fürsorge, seinen Trost und seine Kritik sagen lassen. Glauben heißt: sich dauernd von Gott seine tragende Liebe zusagen lassen und daraus das Vertrauen, den Geschmack am Guten, die hoffnungsvolle Sehnsucht nach der Fülle des Lebens nähren.

Nicht nur unser leibhaftiges Leben kann Schaden nehmen durch Fehlernährung. Auch unser personales Leben können wir schädigen. Wenn die Erinnerung an Gott schwach wird, sterben unsere Wurzeln in die Tiefe ab. Wenn wir uns vorwiegend unterhalten und zerstreuen, werden wir oberflächlich. Wir können uns sogar vergiften, wenn wir in uns einlassen, was Mißtrauen und Negativität, Zynismus und soziale Kälte, Neid oder sogar Haß hervorruft. Österliche Buße kann hier Verzicht auf Gifte meinen, zuerst aber meint sie: suchen, wovon wir wirklich leben, so daß wir innerlich neu werden.

Was ist uns ganz wichtig?

Satan bietet Jesus alle Herrlichkeiten der Welt an, wenn er bereit wird, ihn anzubeten. Unser Wortschatz kennt die Vokabel »Anbetung« kaum noch. Wir können das, was gemeint ist, auch so sagen: Was ist uns ganz wichtig? So wichtig, daß wir dafür alles andere zurücktreten lassen, opfern können? Gibt es das überhaupt noch in unserem Leben, das ganz Wichtige, oder ist uns alles nur relativ wichtig und besteht unser Leben darin, unsere relativen Wichtigkeiten dauernd auszubalancieren? Kritische Beobachter des Lebens in unserer Gesellschaft machen ein buntes Gemisch kleiner und großer Götterbilder aus, vor denen die Menschen opfern. Jedes ist – wie bei der Versuchung Jesu – mit hohen Versprechungen von Lebensglück verbunden. Einer der neuen Machthaber über die Menschen heißt Konsumismus. Er verspricht das Glück in der Suche nach den immer neueren und perfekteren Dingen, wobei wir eine Menge Müll hinter uns lassen. Ein anderer Götze verspricht, daß Menschen durch ihr Outfit bei anderen Ansehen finden und so auch an sich selbst Gefallen bekommen. Unausweichlich kommt die Erfahrung, daß wir nicht unsere Fassade sind.

Unsere Taufe auf den einen, wahren, lebendigen Gott kann und soll uns vom Betrug der Götzen befreien. Je wichtiger er uns ist, desto zuverlässiger ordnen sich die gestuften Wichtigkeiten um uns herum. Österliche Bußzeit meint hier, daß wir uns lossagen, wo uns etwas wichtiger wurde, als es in Wahrheit ist; das aber gelingt, wo wir uns Gott ganz wichtig sein lassen. Vielleicht ist das unsere eigentliche Herausforderung in einer Gesellschaft, in der Gott weniger geleugnet als einfach übergangen und vergessen wird. Wie unseren jüdischen Schwestern und Brüdern soll auch uns auf's Herz geschrieben sein: »Du sollst den Herrn, deinen Gott, lieben mit ganzem Herzen, mit ganzer Seele und mit ganzer Kraft.« (Dt 6,5)

Wie ernst nehmen wir die Frage unseres Lebens?

Bei der dritten Versuchung Jesu sind unsere Schriftgelehrten in der Auslegung unsicher. Mich läßt die dritte Szene an eine verbreitete Praxis denken, Gott auf die Probe zu stellen, indem wir das Gelingen unseres Lebens vor ihm wie selbstverständlich erwarten. Wir können versucht werden, leichtsinnig davon auszugehen, daß es schon irgendwie gut gehen wird mit uns. Darin kann eine Herausforderung Gottes liegen, es in seiner Großzügigkeit mit uns gut werden zu lassen, auch ohne daß wir uns ernsthaft auf seinen Willen mit uns einlassen. Die österliche Bußzeit will der Frage nach unserem Leben vor Gott und mit ihm Gewicht geben. Das soll weniger belasten und bedrohen als in die Tiefe führen und befreien.

Leben vom Wort Gottes

Vom Wort Gottes leben ist ein Hören auf das Wort. Es ist auch das Mahlhalten mit dem, in dem Gottes Liebeserklärung an die Menschen Fleisch wurde. Das Zeichen der Liebe, das unter uns Gegenwart wird und das wir miteinander teilen, ist wahrhaft Nahrung. Österliche Bußzeit ist nicht nur und nicht einmal zuerst Nahrungsverzicht, sondern Offenheit für die Nahrung, die uns glauben, hoffen und lieben läßt.

2. Sonntag der österlichen Bußzeit
Mit Jesus auf dem Berg
(Lk 9,28b-36)

Ereignis auf dem Weg

Das Evangelium unseres Sonntags zeigt seine Bedeutung erst dann, wenn wir es in seinem Zusammenhang wahrnehmen. Jesus ist auf dem Weg nach Jerusalem. Er beginnt, seine Jünger einzuführen in das Geheimnis seines Weges, der durch Leid und Tod in die Herrlichkeit führen soll. Die Verklärung soll schon etwas aufscheinen lassen vom Ziel des Weges. Sie soll uns auf dem Weg nach Ostern bewußter machen, mit wem wir auf dem Weg sind unter dem Zeichen unserer Taufe. Versuchen wir, dazu die Symbolsprache der Geschichte nachzubuchstabieren.

Der Berg

Manchen von uns ist die Erfahrung vertraut, wie der Weg auf einen Berg uns aus den Niederungen des Alltags herausführt. Wir gewinnen Distanz. Mit größerer Höhe weitet sich der Blick. Schließlich können wir ein Land übersehen, von dem uns sonst nur ein kleiner Fleck vor Augen ist. Diese Erfahrung nimmt die Symbolsprache der Bibel auf, wenn sie Menschen auf dem Berg die Nähe Gottes suchen läßt. Gott wohnt nicht auf dem Berg. Er wohnt nirgendwo. In ihm leben wir, bewegen wir uns und sind wir. Wir können und sollen ihn in allem suchen, gerade im Alltag. Und doch bleibt es wichtig, gelegentlich Abstand zu suchen, sich zu lösen vom gewohnten Lauf der Dinge, in einer Unterbrechung Raum zu schaffen für Gotteserinnerung. Jesus nimmt den engsten Kreis der Drei mit. Sie sollen eine Erfahrung machen, die sie brauchen werden für den Weg, der vor ihnen liegt.

Die Verklärung

Es geschah, während Jesus betete, sich also ganz in die Liebe seines Vaters begab. Lukas spricht von einer Veränderung seines Gesichtes und von einem weißen Leuchten seines Gewandes. Damit spricht er von der im Grunde unaussprechlichen Erfahrung, daß für die Jünger sichtbar wurde, wie Gottes lichtvolle Wirklichkeit den betenden Jesus zu durchdringen begann. Es zeigte sich den Jüngern, was Jesus beim Evangelisten

Johannes so von sich sagt:»Ich und der Vater sind eins.« Das sollen die Jünger für den Weg, der vor ihnen liegt, wissen: In Jesus ist, auch wenn es oft nicht so aussehen wird, Gott mit seiner lichtvollen Kraft auf dem Weg.

Das Gespräch mit Mose und Elija

Uns ist sehr fremd, was das Gespräch der ebenfalls verklärten Männer Mose und Elija mit Jesus soll.»Sie sprachen von seinem Ende, das sich in Jerusalem erfüllen sollte.« Denken wir an die uns vertraute Erzählung vom Gang der Jünger nach Emmaus. Dort lesen wir, wie Jesus ihnen aufzeigte, daß in der Schrift die innere Notwendigkeit seines Weges durch die Passion in seine Herrlichkeit vorgezeichnet ist. Eben darum geht es auch hier. Mose und Elija, die schon in die Wirklichkeit Gottes entrückt gedacht werden, zeigen sich vertraut mit dem Ende des Weges, auf dem Jesus mit den Seinen ist.

Der Hüttenbau

»Jesus in strahlendem Licht« – das wollen die Jünger festhalten. Dafür steht der Hüttenbau. Er ist nichts für Wanderer auf dem Weg. Eine Hütte baut man, wo man sich niederlassen will. Auf dem Weg wohnt man in Zelten. Oder man ist Gast bei Menschen, die nicht auf dem Wege sind.

Die Wolke und die Stimme

Die Wolke ist Symbol unsichtbarer Nähe Gottes. Zuerst fällt nur der Schatten der Wolke auf die Jünger; dann aber geraten sie in die Wolke selbst hinein. Furcht ergreift die Jünger vor dieser Nähe Gottes. Die Stimme aus der Wolke identifiziert Jesus: Er ist der auserwählte Sohn. Ähnlich sprach die Stimme am Anfang des Weges bei der Taufe Jesu. Am Ende des Weges soll durch seine Auferstehung herauskommen, wer Jesus ist. Hier auf dem Wege wird an die Offenbarung vom Anfang erinnert und der Offenbarung in der Herrlichkeit der Auferstehung vorgegriffen. Dazu kommt die Mahnung:»Auf ihn sollt ihr hören.« Jesu Worte auf dem Weg sollen gehört werden als Worte für unseren Weg.

Das Schweigen der Jünger

Noch ist nicht die Zeit, daß die Jünger zu Zeugen dessen werden, was sie gesehen haben. Erst müssen sie den Weg mit Jesus bis zum Ende gegangen sein. Und sie müssen den Geist empfangen, in dem sie dann erzählen werden, wie es ihnen mit Jesus erging und wie er alle auf den Weg ruft, den er vorausgegangen ist.

Jeder Sonntag ist eine Zeit mit Jesus auf dem Berg

Wir sind zur Feier des Sonntags zusammen. Nicht nur dieser zweite Sonntag auf unserem Weg zum Osterfest kann und soll Zeit mit Jesus auf dem Berg sein. Jeder Sonntag auf unserem Lebensweg kann und soll eine Zeit sein, die uns aufgehen läßt, mit wem wir glaubend unterwegs sind und zu welchem Ziel er uns führen will. Jeder Sonntag ist dazu da, daß wir etwas auf Distanz gehen zu unseren alltäglichen Tagesordnungen. Wir sollen uns erheben über das, was uns Tag für Tag beansprucht. Wir sollen unser Leben überblicken. Vor allem sollen und dürfen wir uns der Nähe Gottes neu vergewissern. Hier in unserer Versammlung werden wir auf ihn, den auserwählten Sohn verwiesen, in dem Gottes unsichtbarer, aber wirklicher Glanz nach unserem Leben greift. Wie damals Mose und Elija denken wir hier gemeinsam an sein Ende in Jerusalem: Deinen Tod, o Herr, verkünden wir, und deine Auferstehung preisen wir, bis du kommst in Herrlichkeit. Unsere Feier der Eucharistie am Sonntag ist noch nicht das Ende. Sie ist Vorgeschmack, Vorleuchten. Keine Zeit zum Hüttenbau. Der Weg geht weiter – nicht selten durch enge Gassen und dunkle Täler. Es ist aber ein Weg in einen durch den Sonntag erleuchteten Alltag. Es ist ein Weg, auf dem wir durch den, den wir hier empfangen, begleitet sind. Wer davon ergriffen ist, braucht den Sonntag als Zeit mit Jesus auf dem Berg.

3. Sonntag der österlichen Bußzeit
Vielleicht doch noch
(Lk 13,1-9)

Gott sucht Früchte

Manche von uns werden Obstbäume haben und daher das Warten auf Früchte kennen. Einen Obstbaum pflanzt man nicht nur um des Baumes willen; von einem Obstbaum will man Früchte. Schon im Alten Bund wird das, was Gott von seinem Volk erwartet, im Gleichnis von Früchten dargestellt. Gott hat etwas investiert in sein Volk. Es ist so, als wenn ein Weingärtner einen Weinberg anlegt. Nach einiger Zeit muß es zu Ernten kommen. Die Früchte, die Gott sucht, sind der gerechte Umgang der Menschen miteinander, d.h., daß alle, insbesondere die Schwachen und Armen Raum für ihr Leben bekommen und so etwas aufscheint von Gottes Sorge um jedes Leben. Im neuen Gottesvolk, in das der Geist gegeben ist, werden die Früchte noch vielfältiger benannt: »Liebe, Freude, Friede, Langmut, Freundlichkeit, Güte, Treue, Sanftmut und Selbstbeherrschung« (Gal 5,22). Der Sinn unserer Taufe ist, daß durch den Geist von uns etwas ausgeht, was dem Leben anderer aufhilft, was das Klima wärmer und heller sein läßt, was die Menschen mit sich und untereinander versöhnt, was Verläßlichkeit und Vertrauen stärkt. Dabei ist nicht allein und wohl nicht einmal zuerst an isolierte einzelne Christen zu denken, sondern an die Gemeinschaft der Getauften an einem Ort. Die Frage ist darum nicht allein und nicht zuerst »Was findet Gott an mir und dir, wenn er bei mir und dir nach Früchten sucht?« Sie lautet wohl zuerst: »Wie wirkt sich im Umfeld unserer Gemeinde oder der Kirche in Deutschland die Tatsache aus, daß da christliche Gemeinschaften leben, denen Gott seinen Geist gegeben hat?« Daß dabei das Leben der vielen einzelnen Christen mitwirkt, ist klar.

Beispiele für Früchte

Wir könnten in einer auf Defizite gerichteten Aufmerksamkeit Beispiele nennen für das, was Gott leider nicht an uns, seiner Kirche findet. Weiter hilft uns wahrscheinlich, wenn wir positive Beispiele für Früchte kurz vergegenwärtigen. Fast überall, wo Menschen Christen wurden, breitete sich soziale Verantwortung für die Armen und Sorge um die Kranken aus. Unser heutiger Sozialstaat ist – bei allen neuen Defiziten –

ebenso eine Frucht christlichen Geistes wie die hoch entwickelte medizinische Versorgung und Pflege der Kranken. Die ersten Krankenhäuser waren Heilig-Geist-Spitäler. Eine neue Frucht ist in diesem Zusammenhang die Hospiz-Bewegung, die in besonderer Weise um die Begleitung bis in den Tod besorgt ist. Eine andere Frucht ist, daß es in unserer Gesellschaft wenigstens ansatzweise so etwas wie ein Gespür für die gegenwärtige und noch wachsende Weltungerechtigkeit gibt. Ohne die Christen mit ihren Aktionen BROT FÜR DIE WELT und MISEREOR wäre die Fühllosigkeit für das Lebensverlangen vieler Menschen im Elend noch verbreiteter, als sie es jetzt ist. Eine andere Frucht ist, daß von Ehen, die aus dem Geist des Evangeliums heraus ermutigt und gestärkt und treu gelebt werden, eine Vertrauen weckende Kraft ausgeht, die junge Menschen trotz des vielen Scheiterns, das sie sehen, doch ein verbindliches und verbindendes Ja zueinander sagen läßt. Manche Frucht ist von dem Baum, an dem sie gewachsen ist, schon abgefallen und wird in ihrer Herkunft kaum mehr erkannt. So sind z. B. die Ideale Freiheit, Gleichheit und Brüderlichkeit ohne die Investitionen Gottes in der jüdisch-christlichen Geschichte undenkbar.

Fruchtbares oder angenehmes Leben

Diese positiven Beispiele sollen uns nicht in der Sicherheit wiegen: Uns wird der Herr des Weinberges schon stehen lassen. An jedem Beispiel und noch mehr an fehlenden Beispielen ließe sich aufweisen, wie eher spärlich als reich und vor allem wie bedroht die Fruchtbarkeit der Getauften hier und heute ist. Es ist vor allem eine Alternative zu einem fruchtbaren Leben, die nach uns allen greift. Sie wird etwa wie folgt beschrieben: In unserer Gesellschaft sind für sehr viele Menschen die Möglichkeiten gewachsen, über die Grundbedürfnisse hinaus ihre Tage angenehm, gepflegt, unterhaltsam, spannend, reizvoll zu gestalten. Viele haben viele Möglichkeiten, sich ein schönes Leben zu machen. Ein Leben, das sich zu leben lohnt, wie man dann sagt. Das ist nicht schlecht, wäre diese Suche nach dem eigenen schönen Leben nicht verbunden mit einer mehr oder minder weitgehenden Ausblendung des Lebensverlangens der anderen. Die Möglichkeiten des schönen Lebens lassen sich ungestört nur nutzen mit dem Rücken zu denen, die sich kein schönes Leben machen können. Wir alle werden Erfahrungen haben mit dieser eigentlich sympathisch an uns herantretenden Versuchung zu angenehmer Unfruchtbarkeit. Es kann schwer sein, die Grenze zu erkennen, wo eine durchaus berechtigte Teilhabe an den schönen Lebensmöglichkeiten in unserer Gesellschaft umschlägt in eine schleichende Entsolidarisierung. Wo wir uns evtl. unbemerkt von den Armen entfernen hinein in die Kreise derer, die es sich miteinander gut gehen lassen, und wo – um ein biblisches Bild aufzunehmen – Lazarus vor der Tür bleibt.

Zeit, die zur Erneuerung geschenkt wird

Der Gärtner bittet um Zeit für den Baum, damit er vielleicht doch noch fruchtbar wird. Es ist der Sinn der 40 Tage unseres Weges zum Osterfest, daß wir uns unserer Taufberufung zu einem fruchtbaren Leben bewußt werden und einzeln und gemeinsam danach zu suchen, was von unserem Leben ausgehen kann und soll, damit es um uns herum heller und wärmer wird, menschlicher hergeht. Es müssen nicht immer große Dinge sein, die uns da gegeben und aufgegeben sind. Kleine Früchte können köstlich sein und voller Kraft stecken. Dabei finden wir wohl nicht zur Fruchtbarkeit unseres Lebens über moralische Forderungen. Der Gärtner kümmert sich um die Wurzeln und deren Nahrung. Österliche Buße meint nicht zuerst moralische Selbstanstrengung. Vorrang hat, daß wir uns neu verwurzeln in der Liebe unseres Gottes und daß so sein Leben neu in uns eindringt. Das erbitten wir für unsere sonntägliche Mahlgemeinschaft jetzt am Tisch des Herrn. Vielleicht haben wir auch die Woche über Gelegenheit, in bewußterer Verbundenheit mit unserem Gott zu leben und durch seinen Geist Phantasie und Kraft für Früchte zu empfangen, für die wir getauft wurden.

4. Sonntag der österlichen Bußzeit
Die Freude des Vaters
(Lk 15,11-32)

Der ältere Sohn: alltägliche, treue Pflichterfüllung

Es kann gut sein, einmal bei dem älteren Sohn zu beginnen, der es schwer hat, unsere Sympathie auf sich zu ziehen. Dabei ist er unserem normalen Empfinden sehr nahe. Er ist beim Vater geblieben. Er hat sich der Sorge um den Besitz des Vaters und um den Vater selbst nicht entzogen. Er hat sich um den Betrieb gekümmert und kommt jetzt wahrscheinlich ziemlich müde vom Feld heim. In alltäglicher treuer Pflichterfüllung hat er die Jahre gelebt.

Nun kommt der Bruder zurück, der sich um all das, was die Lebensordnung des Älteren ausmacht, nicht gekümmert hat. Der Jüngere ließ ihn allein mit der Aufgabe, dem Vater im Alter beizustehen. Nun wird um ihn ein derartiger Aufwand getrieben. Vielleicht hat der ältere Sohn in den Jahren öfter an seinen Bruder wie an eine Versuchung gedacht: Vielleicht wäre es auch ihm besser gegangen, wenn er alles hinter sich gelassen und woanders ein neues Leben voller Abenteuer und mit reizvollen Freiheiten angefangen hätte. Vielleicht hat sich im älteren Bruder so eine Mischung aus Groll und Neid gegen den Jüngeren aufgebaut.

Was der Vater mit dem jüngeren Bruder tut, muß vom älteren geradezu als gefährlich empfunden werden. Es ist ja fast so etwas wie eine Anstiftung zur Pflichtvergessenheit, zur Flucht aus der Lebensordnung. So gefährlich haben diejenigen, die zur Zeit Jesu die Ordnung zu schützen hatten, diese Geschichte empfunden, daß sie eben wegen solcher Geschichten Jesus aus dem Leben des Volkes entfernen wollten.

Der Ältere ist nicht böse; er ist eher solide. Der Vater macht ihm auch keinen Vorwurf, daß er nicht mitfeiern will. Er kommt heraus und redet ihm gut zu, bittet ihn um Verständnis für seine, des Vaters Torheit – als töricht muß ja des Vaters Benehmen dem Älteren erscheinen. Wie nah es gelegen hätte, den Jüngeren wenigstens erst einmal wieder unten anfangen zu lassen und ihn dadurch spüren zu lassen, was er dem Vater und auch dem älteren Bruder angetan hatte, drückt der Jüngere selbst aus. Er bittet ja nur um die Aufnahme in die Reihe der Tagelöhner. Er weiß, daß er so, wie er ankommt, nicht an die Stelle eines Sohnes gehört.

Der Vater: Trauer und Freude

Was dem Älteren fehlt, ist die Teilhabe am Herzen des Vaters. Das Verhalten des Vaters bei der Heimkehr des Sohnes offenbart, wie es ihm in der Zeit seit dem Auszug seines Sohnes ergangen ist. Er mußte um diesen Sohn trauern. Er konnte nicht so leben, als hätte er diesen Sohn nie gehabt. Er konnte ihn nicht aus seinem Herzen vertreiben. Es wurde ihm schwer, sich seines Lebens zu freuen ohne diesen Sohn – mit dem Gedanken, ihn verloren zu haben – mit der Furcht, daß er nicht einmal mehr am Leben sei. Das Verhalten des Vaters ist nur zu verstehen, wenn man eine Beziehung zu seiner Trauer hat, die sich so überraschend und überwältigend in Freude wendet.

Kein Mensch hätte das Recht, so von Gott zu sprechen. Nur Jesus, der den Vater kennt, dürfen wir diese Geschichte von seinem und unserem Gott abnehmen und uns dadurch sagen lassen, daß Gott nicht aufhören ~~kann~~ wird, seine Menschen zu lieben – jeden einzelnen und alle zusammen und die Welt als ihren Lebensraum. Alle Rede von einem Gott, der in Zorn oder Enttäuschung von ihm geschaffenes Leben abschreibt, ist nicht wahr. Wenn Leben nicht so gelebt wird, daß es sich entfaltet, wenn es ruiniert und zerstört wird, wenn es sich ~~von sich selbst entfremdet und sich~~ verirrt, dann trauert Gott. Diese Trauer ist eine Weise seiner Treue. Diese Treue ist die uns nicht loslassende Liebe Gottes. In dieser Trauer wartet Gott auf die Heimkehr des Menschen. In ihr ist das Fest begründet, das im Himmel ist, wo immer Menschen aus dem Tod ins Leben zurückkehren, aus der Fremde wieder zum Vater finden. Wir dürften so nicht von Gott sprechen, wenn nicht Jesus es uns durch seine Geschichte eröffnete: Bei der Heimkehr des Verlorenen (wird nicht nur der Mensch befreit, sondern wird auch Gott aus seiner Trauer erlöst. Darum) muß das Fest sein: der Ring, die Sandalen und das neue Kleid, das Mastkalb, Musik und Tanz.

alle Sohnesrechte – kein Knecht!

Der jüngere Sohn: Heimkehr aus dem Leid

Wenn wir nun auf den jüngeren Sohn schauen, dann ist ein Wort der Erzählung Jesu wichtig. Es heißt dort, daß der Vater, der ihn von ferne sah, Mitleid mit ihm hatte und ihm deshalb entgegenging, ihm um den

Hals fiel und ihn küßte. Der Vater sah: Dieser, der da kommt, braucht keine Strafe. Er muß nicht erst durch Erziehungsmaßnahmen zu spüren bekommen, was er angestellt hatte – so wie Väter oder Mütter oft wenigstens einige Zeit ein verdunkeltes Gesicht machen, evtl. sogar manchmal machen müssen, damit ihre Kinder merken, daß sie sich lieblos verhalten haben. Bei diesem jüngeren Sohn ist es offenbar anders. Er hat den Tod berührt; er kommt aus der Fremde, in der er unter sich selbst gelitten hat; er trägt mit sich die Trauer um sein gescheitertes Leben.

Leid steht wohl nicht am Anfang von leichtfertig oder bösartig begonnenen Abwegen vom Leben; aber wenn diese Wege gegangen werden und Menschen sich daran erinnern, woher sie kommen und wohin sie gehören, wenn sie sehen, wie weit sie sich entfernt haben und wie tief sie sich selbst dadurch fremd wurden, und wenn sie dann der Reue Raum geben, dann brauchen sie nicht Verurteilung und Strafe, dann brauchen sie in ihrem Leid den Trost und die Annahme. Der Vater überbietet das alles noch mit einem rauschenden Fest.

Das begonnene Fest _Gegenwart im Lk_

Die Geschichte unseres Evangeliums gehört wohl zu den kostbarsten Erzählungen, die unsere Welt hat. In ihr erzählte Jesus seinen Hörern damals und uns heute die Wahrheit über uns und die Welt: Gerechtigkeit ist wichtig, wo es darum geht, eine Lebensordnung aufrecht zu erhalten; wo es aber darum geht, Menschen und die Welt zu heilen (und keine unserer Ordnungen ist so, daß sie nicht auch der Heilung bedürfte), dort braucht es Barmherzigkeit – und zwar aus einer Liebe, die trauert angesichts all des Lebens, das nicht zu seinem Leben kommt. Von dieser Wahrheit in Gott erzählt Jesus. Und er erzählt damit nicht von etwas, das einmal in ferner Zeit beginnen wird, er erzählt von dem, was mit ihm beginnt. Durch sein Erbarmen mit den Menschen finden Menschen heim, kehren sie um, wird ihnen das Leben in der Fremde leid, erinnern sie sich ihrer eigentlichen Heimat, die in ihren Herzen immer nach ihnen gerufen hat, auch wenn sie diesen Ruf mit viel anderem Lärm zu übertönen suchten. Die ersten Christen verstanden ihre Taufe als das Fest, in dem der Vater feierte, sie wieder am Leben zu wissen.

Daß in Gott dieses Fest begonnen hat, feiern wir mit besonderer Freude am Fest der Auferweckung Jesu, auf das wir uns in diesen

Ob der ältere mitdenkt und doch noch hineinfällt?

Wochen vorbereiten. Auch wenn wir vielleicht nicht von ganz so weit her kommen wie der jüngere Sohn, so kommen wir doch nie so zu unserem Gott, daß wir unseren Platz bei ihm beanspruchen könnten, sondern immer nur so, daß wir von seinem Erbarmen erbitten, daß er uns annimmt. Aus dem Glanz des Erbarmens Gottes lebt jeder Sonntag, an dem wir feiern, daß Gott an unserem Leben viel mehr hängt, als wir selbst es tun können, und daß er sich freut, wenn wir zu ihm kommen und seine Nähe suchen. Wenn wir uns an seinem Tisch versammeln lassen, schmückt er uns mit seinem Erbarmen und dann dürfen und sollen wir vorkosten, was Gottes und unsere ewige Freude ist.

5. Sonntag der österlichen Bußzeit
Geschenktes Leben
(Jo 8,1-11)

Die Vergebung

Die Geschichte unseres Evangeliums endet nicht mit einem Freispruch. Ein Freispruch würde feststellen, daß die Frau keine Schuld hat. Die Frau hatte gesündigt. Dennoch verurteilt Jesus sie nicht. Er schenkt ihr das Leben. Ohne ausdrückliches Wort der Vergebung sagt Jesus ihr doch die Vergebung zu, indem er sie unbeladen auf ihren Weg entläßt mit der Mahnung, dieses neu geschenkte Leben nicht zu verspielen. Wir sprechen davon, daß die Eltern uns das Leben geschenkt haben, und da ist auch etwas daran. Aber die Eltern hatten unser Leben nicht so in der Hand, daß sie es uns wirklich schenken konnten. Sie konnten uns annehmen, unserem Leben bei sich Raum geben, und auch das ist für uns ein kostbares Geschenk. Jesus hatte das Leben der Frau ganz in der Hand; er hätte es ihr nehmen können, er, der ganz ohne Sünde war; aber er gibt es ihr:»Auch ich verurteile dich nicht. Geh und sündige von jetzt an nicht mehr.«

Taufe: Vergebung der Sünden

Dieses Evangelium wird uns in der österlichen Bußzeit verkündet, weil es mit der Taufe zu tun hat, nämlich mit der Erfahrung der Erwachsenentaufe. Wenn wir im Glaubensbekenntnis davon sprechen, daß zur Kirche»Vergebung der Sünden« gehört, wird damit die Taufe angesprochen. Sie ist das erste Sakrament der Vergebung. In ihr machten die ersten Christen und machen bis heute Erwachsene die Erfahrung, wie ihnen ihr Leben, mag es noch so beladen sein von Schwäche, Versagen und Schuld, neu geschenkt wird. Christlicher Gottesglaube ist Glaube an den Gott, dem so am Leben seiner Menschen liegt, daß er auf jede Abrechnung verzichtet. Jesus handelt im Namen Gottes, wenn er der Ehebrecherin das Leben schenkt. Und wenn die Kirche auf den Namen des Vaters, des Sohnes und des Heiligen Geistes tauft, dann ist die Quelle, aus der das Leben neu hervorgeht, die Vergebung Gottes.

Verdienen wir unser Leben?

Wenn wir als Säuglinge getauft sind, fehlt uns die Erfahrung neu geschenkten Lebens. Wir müssen da nach Wegen suchen, was wir mit der Ehebrecherin zu tun haben. Viele von uns sind wohl von so schwerer Schuld bewahrt geblieben, daß sie im Bewußtsein leben müßten, den Tod verdient zu haben. Versuchen wir uns aber vorzustellen, wie es uns ginge, wenn wir unsere Lebensberechtigung in einer Abrechnung über unser bisheriges Leben nachweisen müßten. Wir müßten uns der Frage stellen, ob und wie wir uns auf ein Leben, wie Gott es will, eingelassen haben und darum mit seinem Wohlgefallen rechnen dürfen. Jedes Menschenleben ist ein Gedanke Gottes, und sein Sinn hängt daran, wie der Mensch diesen Gedanken Gottes, der er ist, zur Entfaltung bringt. Die Vorstellung, wir müßten uns einer Abrechnung stellen, müßte uns in tiefe Lebensunsicherheit stürzen. Sie müßte wohl jeden unserer Tage infrage stellen. Eine Gesamtbilanz unseres Lebens wäre wohl negativ. Wir schulden Gott das Leben, das er uns ermöglicht hat, und niemand kann sein Leben wohl ganz so leben, wie es ihm unter den guten Anregungen Gottes möglich gewesen wäre.

Leben im Klima der Vergebung

Von Martin Luther wird erzählt, daß ihn von Zeit zu Zeit eine tiefe innere Ungewißheit überfallen konnte und daß er dann mit Kreide auf sein Pult schrieb »Ich bin getauft«. Damit erinnerte er sich daran, daß er nicht unter einer drohenden Abrechnung lebt, sondern aus der Zusage der Vergebung. Vielleicht weniger bewußt, aber doch sehr wirksam werden viele von uns in einem von Jesu Botschaft geprägten Klima der Vergebung herangewachsen sein. Wir haben gelernt, unsere Tage dem Erbarmen Gottes anzuvertrauen. Im Bußsakrament oder bei der Feier der Eucharistie durften wir unsere Annahme durch Gott trotz all unserer Fragwürdigkeiten erfahren. Wir konnten darauf verzichten, unser Leben in seinem Gemenge von Schuld und Behinderung zu durchschauen, im Vertrauen darauf, daß Gott größer ist als unser Herz. So haben wir Erfahrung mit geschenktem Leben. Nicht nur in dem Sinn, daß wir überhaupt am Leben sind, sondern auch in dem Sinn, daß wir leben dürfen ohne ängstigende Selbstzweifel, wie wir mit unserer Lebenswahrheit bestehen können.

Das ewige Leben als geschenktes Leben

Unsere Erfahrungen mit Vergebung sind Vorerfahrungen für das, woraus wir einmal endgültig leben sollen. Unsere Taufe sagt uns zu, daß wir im Blick auf unseren Tod auf eine uns ganz erneuernde und dann durch nichts mehr gefährdete Vergebung vertrauen dürfen und sollen. Gottes Vergebung ist die neuschaffende Kraft, in der er alle mit sich und untereinander versöhnen kann und will. Auch wenn Jesus in anderen Zusammenhängen vom »Lohn« spricht, so werden wir das ewige Leben viel weniger verdient haben (und wenn verdient, dann aufgrund von Gottes Gaben) als geschenkt bekommen.

Verzicht auf das Werfen von Steinen gegen den Nächsten

Eine Mahnung verbindet Jesus immer mit der Ermutigung, auf Vergebung zu hoffen. Im heutigen Evangelium begegnet sie uns darin, daß sich niemand findet, der den ersten Stein werfen dürfte, niemand also, der nicht selbst auf Vergebung angewiesen ist. Wir vollstrecken zwar keine Steinigungen mehr. Doch findet durch offene oder verdeckte Verurteilung Tag für Tag ein vielfaches Steinewerfen auf Menschen statt – in Familien, Nachbarschaften und Betrieben, mit besonderem Eifer in den Medien. Kritik muß sein, sowohl in unseren kleinen Lebenswelten als auch in der uns verbindenden Öffentlichkeit. Die Demokratie lebt von kritischer Begleitung. Das Steinewerfen meint anderes als Kritik. Es meint, daß Menschen durch Verurteilungen mehr oder minder schwer verletzt werden, daß man mit ihnen abrechnet, und zwar um sich der eigenen Tadellosigkeit zu vergewissern. Wer sich daran beteiligt, entzieht sich selbst die Hoffnung auf Vergebung.

Dank für das geschenkte Leben

Durch die Taufe sind wir hineingenommen in die Gemeinschaft derer, die das Geheimnis geschenkten Lebens aus der Vergebung miteinander teilen und feiern dürfen. Dafür danken wir in der Eucharistie, zu der wir auf dem Weg der Erneuerung unserer Taufe versammelt sind. In diesem Dank teilen wir das Klima der Vergebung, die Erfahrung des Geistes, der uns mit Gott und untereinander den Frieden schenkt.

Palmsonntag
Der König auf dem Esel
(Lk 19,28-40)

Der Palmsonntag als Christ-Königs-Fest

Das erste und eigentliche Christ-Königs-Fest feiert die Kirche am heutigen Palmsonntag, am Eingang zur heiligen Woche. Soeben hörten wir, wie Jesus beim Einzug in seine Stadt, in die Stadt des Königs David, als König begrüßt wird. Es wird uns dieser Titel in der Lesung der Passion neu begegnen bei der Verspottung durch die Soldaten und auf der Tafel über dem Gekreuzigten. Der eine der Schächer wird um Aufnahme in das Reich Jesu bitten. Bewußt blendet die Kirche die Passion nicht aus, wenn sie Jesus als König verehrt. Jesus ist wirklich ein König. Er hat wirklich einen Machtbereich. In diesem schafft und sichert er Raum für das Leben, für das Leben insbesondere der Schwachen und Armen. Jesu Königtum und Macht ist allerdings anders als bei denen, die sonst Herrschaft ausüben.

Der König in der Macht und Ohnmacht seiner Liebe

Für einen, der zu Fuß ist, ist ein Reiter auf einem Pferd weit oben. Ein Reiter macht Angst, zumal wenn er auch noch gepanzert und bewehrt daherkommt. Ganz anders ist dies bei einem, der auf einem jungen Esel reitet. Er sitzt nicht oben. Er imponiert nicht mit Gewalt. Der Esel ist Symbol für ein Friedensreich, das sich gegen kriegerische Königtümer ausbreitet. Zu unserem Evangelium müssen wir beim Propheten Sacharja lesen. Dort heißt es:»Jauchze, Tochter Jerusalem. Siehe, dein König kommt zu dir. Er ist gerecht und hilft; er ist demütig-arm und reitet auf einem Esel, auf einem Fohlen, dem Jungen einer Eselin.« (9,9), Dieser König – so heißt es weiter – vernichtet die Streitwagen (die antiken Panzer), die Rosse und die Kriegsbogen. Das aber geschieht nicht mit überlegener Gewaltanwendung. Es geschieht in der Passion, die wir in unserem Wortgottesdienst hören werden. Die Passion erzählt nicht nur von der Gemeinheit und Grausamkeit der Menschen, sie erzählt auch von der gewaltlosen Liebe, in der Jesus bis zuletzt seinen Weg geht. Diese Liebe ist die Macht, mit der Gott in Jesus sein Reich anbrechen läßt. Das Kreuz, das ein grausames Hinrichtungsgerät war und bleibt, wird zugleich zum Ort, von dem der König herrscht, der den wahren

Frieden bringt. Nicht die pax romana, den römischen Frieden der damaligen Zeit; er beruhte auf Rossen, Streitwagen und Waffen, gegen die die Menschen nicht aufbegehren konnten. Der König auf dem Esel und am Kreuz bringt den Frieden, der das Gegeneinander der Menschen von innen heraus überwindet in ein neues Füreinander.

Unser Leben – Herrschaftsbereich des wahren Friedenskönigs

Wenn wir in unserer Prozession den Herrn symbolisch in den Raum unserer Kirche geleiten und als unseren König begrüßen, soll dies ein Bekenntnis unseres Glaubens sein. Wir wollen ihm als unserem König unser Leben als Raum seines Herrschens öffnen und verfügbar halten. Dazu sind wir berufen durch unsere Taufe. Unsere Tauferneuerung meint, daß wir neu offen sein wollen für das befreiende Wirken unseres Königs. Er ist der einzige Herrscher, bei dem wir ganz sicher sind, daß er uns nicht für sich opfert. Er ist der Herrscher, der sich für uns gibt. Als unser aller Diener übt er sein Königtum aus. Heute gehen wir nach der Lesung der Passion nicht traurig auseinander. Wir feiern, daß seine Liebe stärker ist als die Mächte der Finsternis, die über ihm zusammenschlugen. Wir feiern das Mahl, in dem unser König immer neu über uns die Macht gewinnt, die uns mit Gott und untereinander versöhnt.

Der Osterfestkreis – Osterzeit

Fest der Auferstehung:
Osterfreude als Trost

Licht im Dunkel

Uns alle zieht es hin, wo wir froh sein können, wo andere froh sind. Wo Freude ist, hat das Leben Raum. Das kann uns die Freude suchen lassen mit dem Rücken zu den Trauernden, in der Blindheit für unsere eigenen Dunkelheiten, im Vergessen, wie nahe unserem vermeintlich so heilen Leben dauernd der Tod in seinen vielen Formen und Vorformen ist.

Wir versammelten uns heute im Dunkeln. Im Dunkeln haben wir das Licht der Osterkerze angezündet. Ins Dunkel trugen wir das Licht. Damit gaben wir zu, daß wir nicht einfach in heller Welt leben, daß wir selbst nicht nur Licht sind. Das Dunkel, in dem wir uns versammelten, war das andauernde Dunkel des Karfreitags. Es gibt Zeiten, in denen die Finsternis Macht bekommt – in der Geschichte der Völker, in der Geschichte kleiner Lebenswelten, im Leben einzelner Menschen. Der Karfreitag war eine Zeit für die Macht der Finsternis.

Die Auferstehung des Gekreuzigten

Nicht mit dem Rücken dazu, nicht im Umweg darum herum feiern wir die Freude und die Hoffnung unseres Festes. Wir feiern die Auferstehung des Gekreuzigten. Die Kerze trägt die Male seiner Wunden. Wie wir am Gründonnerstag, an dem uns Jesus seinen Tod schenkt als Gabe, aus der wir leben sollen, schon daran denken durften, daß in diesem Tod mehr Leben ist als in vielen Lebenszeichen, deren Rückseite der Tod ist, wie wir am Karfreitag im Tode Jesu schon seinen Sieg durchscheinen sehen durften, so dürfen wir in dieser Nacht nicht vergessen, daß wir vom Karfreitag kommen, daß wir die Heilung des Verwundeten, die Verherrlichung des Verachteten, den Sieg des Opfers, das Leben des Getöteten feiern.

Eines der ganz wichtigen Worte Jesu, die in unsere Geschichte eingegangen sind, heißt.»Selig die Trauernden; denn sie werden getröstet.« Dieses Wort spricht von einer Freude, die nicht im Absehen vom Leid, im Verdrängen des Dunkels, im Umgehen von Trauer gegeben wird. Wohl die kostbarste Gestalt der Freude ist der Trost. Die Osterfreude ist Trost. Zunächst gilt sie dem, der selber den Weg des Leidens ging bis in die tödliche Erfahrung der Gottesferne. Daß er nicht im Tode blieb, heißt zuerst: Der Vater blieb ihm in alldem nahe und barg ihn schließlich in sein Leben hinein. Ihm, dem Gekreuzigten, ist der Tod ins Leben verwandelt, die Trauer in Freude. Er ist getröstet. Seine Ängste und Fragen sind in der Liebe des Vaters beantwortet. Seine Erniedrigung bis zum Tode am Kreuz ist als Weg der Liebe verherrlicht durch seine Erhöhung über alle Mächte.

Trost – die Freude der Trauernden

Aus seinem unverlierbaren Leben heraus sendet der Auferstandene seine Engel, ja geht er selbst zu den Seinen, um auch an ihnen, die noch in dieser Welt sind, das Werk des Trostes zu tun. Trauernde sind die ersten Adressaten der Botschaft, daß er lebt. Die Freude des Osterfestes ist nicht eine Freude derer, die sich in ihren Welten gegenseitiger Bestätigung und Bereicherung alles Belastende, Bedrängende, Verwundende, Ängstigende fernhalten. Sie sagt nicht, daß wir uns freuen sollen, solange das Licht noch an ist. Sie ist eine Freude des Trostes für Menschen, die um sich herum und in sich selbst Wirklichkeit wahrnehmen, die weh tut, und die darum immer wieder trauern müssen – um ihnen verbundene Menschen, die der Tod nahm, oder um die vielen Menschen, die hier und heute nicht zu ihrem Leben kommen; um Beziehungen, die zerbrechen, oder um nicht gelebte eigene Lebensmöglichkeiten. Diese Trauer verbindet sich mit der Trauer darum, wie Menschen – Menschen wie wir – mit Jesus umgingen. In diese Trauer hinein dürfen wir uns sagen lassen: Der Herr ist wahrhaft auferstanden. Und darin liegt die Zusage: Gott hat für alle eure Trauer die Antwort seines Trostes. Er hat die Geschichte der Menschen – die eine große Geschichte aller Menschen wie die jedes einzelnen – nicht gewollt, damit sie ein Raub des Todes werde; er will mit Macht und Erbarmen das Leben, und das setzt er durch im Geheimnis von Tod und Auferweckung seines Sohnes.

Unsere Auferstehung zu lebendiger Hoffnung

Die Zusage von Freude an die Trauernden, weil sie getröstet werden, ist nicht nur ein Wort für die Zukunft der Ewigkeit. Es ist ein Wort für den Glauben schon in dieser Zeit. Der Glaube, in dem wir uns sagen lassen, daß der Herr lebt, hat die Kraft, uns in allen unseren ungelösten Fragen, in unseren oft sehr bedrängenden Ängsten, in unseren nicht aufzuhebenden Lasten und Leiden schon hier und heute zu trösten, d.h., in der Tiefe gewiß zu machen, daß alles begonnen hat, gut zu werden. Dieser Trost ist eine Weise, in der wir selbst mit dem Herrn auferstehen. Wenn wir unsere Fragen und Traurigkeiten, unsere Ängste und Leiden hineingeben in den Tod des Herrn, wenn wir uns mit ihnen seinem und unserem Vater in die Hände geben und so unserer Eigenmacht, die wir ja nur sehr begrenzt haben, sterben, dann hebt uns der Vater mit dem Auferstandenen aus Resignation und Verzweiflung in das neue Leben der Hoffnung. Die Osterfreude ist Trost nicht im Sinne einer Vertröstung auf eine ferne Zukunft nach unserem Tode. Sie will und kann uns bereits jetzt getrost machen und so in ein hier beginnendes ewiges Leben hineinrufen. Die Botschaft der Auferstehung sagt, daß die, die ihre Macht über die Menschen mißbrauchen, keine letzte Macht haben; daß die, die auf Kosten anderer leben, ihrer Lebenserwartung schaden; daß Leid und Last nicht Unsinn sein müssen, sondern – in Liebe angenommen – zum Segen werden können. Darum ist die Osterfreude kein lähmender Trost, sondern ein Trost, der aufhilft, den Weg öffnet, in der Hoffnung gespannt macht und Kräfte freisetzt.

Getaufte – Kinder des Lichtes

Wir haben an der Osterkerze des Auferstandenen unsere Kerzen entzündet. Aus dem einen, fast ohnmächtig erscheinenden Licht wurde, wo wir von ihm uns Licht geben ließen, ein Raum der Helle. In dieser Symbolhandlung bringen wir die Berufung unserer Taufe zum Ausdruck. Gott braucht Menschen, die sich in Hoffnung von seinem Auferstandenen entzünden lassen. Er braucht Menschen, in deren Leben er das Licht seiner Menschenfreundlichkeit hineingeben kann, damit die Welt Zeichen bekommt, wie sehr sie von ihm geliebt ist. »Kinder des Lichtes« nannten sich die ersten Christen aufgrund ihrer Taufe, durch die sie geboren wurden zu einer Hoffnung, die stärker ist als alles Dunkel.

Daß wir unsere Kerzen an der einen Kerze des Auferstandenen entzündeten, war ein erstes Symbol. Noch tiefer reicht es, wenn wir nach unserer Tauferneuerung den Auferstandenen selbst in seinem Geist uns schenken lassen als das Brot des Lebens. Dadurch baut der Auferstandene seinen Leib in dieser Welt auf als einen Raum der Helle, in dem Christen einander und die vielen trösten mit dem Trost, den sie selbst aus der Auferweckung des Gekreuzigten empfangen.

2. Sonntag der Osterzeit
Dem Verwundeten seinen Gott glauben
(Jo 20,24-31)

Die Wundmale

Würden wir die Erzählung, wie sich der Auferstandene dem Thomas zeigt, zum erstenmal hören, würden wir uns sicher wundern, welche Rolle in ihr die Wundmale und die zum Todestest geöffnete Seite Jesu spielen. Dem Evangelisten muß es wichtig sein, daß Thomas beim Auferstandenen die Wunden des Gekreuzigten sehen und berühren will. Es muß ihm wichtig sein, daß sich der Auferstandene ausweist als der, der gelitten hat und gestorben ist. Es ist ihm wichtig um unseres Glaubens willen. Wir sollen auch und gerade in Leiderfahrungen an Gott glauben können. Im eigenen Leid und angesichts des Leidens anderer sollen wir festhalten können an dem Gott, den Jesus uns als guten und machtvollen Vater unseres Lebens verkündete.

Sichtbarer Segen als Zeichen für Gott

Thomas wird als frommer Jude Erzählungen gekannt haben, wie sich Gott als gut und stark erwiesen hat, indem er die, die an ihn glaubten, rettete. Er wird Gebete gekannt haben, in denen von Gott erwartet wird, daß er sich als der Helfende zeigt. In den Psalmen gibt es Gebete, in denen es als besondere Not ausgesprochen wird, wenn die Nichtgläubenden die Glaubenden in ihrer Not verspotten können: Wo ist nun dein Gott! Glaube wollte sich vor den immer auch möglichen Zweifeln an Gott rechtfertigen durch sichtbaren Segen Gottes. Dabei dachte man zurück an die Anfänge Gottes mit Abraham, dem sich Gott als der Lebendige erwies im Geschenk des Sohnes. Man dachte zurück an die Befreiung aus Ägypten, bei der die Übermacht Jahwes das Sklavenvolk vor der Kriegsmaschinerie Ägyptens bewahrte. Ähnliches sollte Jahwe immer wieder tun, damit immer wieder aufs neue deutlich wird, daß er der eine wirkliche Gott ist, der, der rettet und hilft. Mit diesem Verlangen frommer Juden war Thomas vertraut.

Thomas hatte seinen Glauben verloren

Darum hatte Thomas seinen Glauben verloren. Erinnern wir uns, daß beim Leiden und Sterben Jesu tiefer als die äußeren Wunden der Spott derer traf, die im Sterben Jesu bestätigt sahen, daß Jesus mit seinem Gott eine Illusion verkündet hatte. Ein Glaube, der so offensichtlich ohne Eingriff des Himmels blieb, verlor seine Glaubwürdigkeit. Dem leidenden und sterbenden Jesus konnte Thomas nicht mehr seinen Gott glauben. Die Botschaft Jesu hatte in ihm große Hoffnungen geweckt. Sie hatte ihn ergriffen und innerlich in Brand gesetzt. Die Hoffnung war der Enttäuschung gewichen, das Feuer erloschen. Die Trauer um Jesus und um seinen mit Jesus gestorbenen Glauben saß in Thomas so tief, daß die anderen ihn mit ihrer Osterbotschaft nicht erreichen konnten.

Die neue Erfahrung des Glaubens

Thomas konnte nur so neu zum Glauben kommen, daß das Geschehen, an dem er seinen Glauben verlor, gleichsam entmachtet wurde. Und das geschah, als ihm der Auferstandene mit seinen Wundmalen begegnete. Thomas ging auf, daß er zu früh verzweifelt war. Das Leiden und Sterben Jesu war nicht das Ende, sondern Weg. Die Wunden sprachen nicht mehr gegen Jesu Glaubwürdigkeit. Es beginnt vielmehr eine ganz neue Erfahrung des Glaubens. Die Wunden Jesu werden zu Zeichen, daß Gott bei den Menschen ist bis hinein in das Leiden und Sterben. Er erweist sich als Gott nicht nur, indem er vor dem Leiden und Sterben rettet; sein machtvolles Gutsein kann noch im Leiden und Sterben Weg in die Freude und in das Leben sein. Gott zeigt sich in den Wundmalen des Auferstandenen nicht als Gott der Verschonten und Durchgekommenen, schon gar nicht als Gott der Sieger. Er zeigt sich als Gott der Verwundeten, der Getroffenen, der Opfer. Das geht Thomas in der Berührung der Wunden Jesu auf. Er findet neu zu Gott, zu dem Gott, von dem Leid und Tod nicht trennen können.

Glaube, der die Frage des Leidens aushält

Bis heute und auch in Zukunft bleibt die Wirklichkeit des Leidens eine bedrängende Frage an den Gottesglauben. Keine Theologie weiß auf diese Frage eine befriedigende Antwort. Das einzige, was der Theologie möglich ist, sind Hilfen, mit den Fragen zu leben. Daß es ganz und gar unselbstverständlich ist, gegen den Augenschein an Gottes heilende, rettende, befreiende Nähe zu glauben, sagt das Evangelium mit dem Satz: »Selig sind, die nicht sehen und doch glauben.« Dieser Satz sagt aber auch, daß es das gibt: einen Glauben, der nicht sieht, aber eben darin an seinem Gott festhält. Dieser Gott zeigt sich uns Christen in Jesus, und zwar sowohl im Dunkel des Kreuzes als auch im Licht der Auferstehung. In der Freude über die Auferstehung soll der Weg des Leidens nicht vergessen werden. Die Bedrängnis unseres Glaubens im Leid können wir nicht mit Argumenten aus der Welt schaffen. Wir können auch anderen Menschen im Leid nicht mit Erklärungen ihren Gottesglauben retten. Wohl können wir selbst auf den schauen, in dem Gott nicht ein Gedanke ist, sondern sich uns konkret mitgeteilt hat. Wir können auf Jesus schauen, den Gekreuzigten und Auferstandenen, den Verwundeten und Geheilten, den Verdunkelten und Erleuchteten. Im Blick auf ihn können wir glaubend, liebend und hoffend an dem Gott festhalten, dessen letztes Wort für uns und unsere vom Tod bedrohte Welt das Leben und die mit allen geteilte Freude sein soll.

Das doppelte Gedächtnis

Am Sonntag führt uns die Freude über die Auferstehung zusammen. In ihr blenden wir nicht aus, woran uns die Freitage erinnern, die den Sonntagen vorausgehen. In der österlichen Freude bleibt das Leid nicht einfach hinter uns. Es umgibt uns weiter, manche von uns trifft es schwer. Die Osterfreude feiern wir gerade für sie, für die, denen es nicht gut geht. Mit ihnen möchten wir die Seligkeit des Glaubens teilen, die hoffende Freude an einem Gott, dem wir die endgültig tröstende Antwort auf die notvolle Frage des Leidens zutrauen. Diese Hoffnung läßt uns Dank sagen, Eucharistie feiern und das Zeichen der Liebe unseres Gottes bis in den Tod miteinander teilen.

3. Sonntag der Osterzeit:
Neue Nähe: »Es ist der Herr.«

(Jo 21,1-14)

Nicht erkennen und erkennen

In mehreren Geschichten von Begegnungen mit dem Auferstandenen ist wie bei unserem Evangelium davon die Rede, daß er zunächst nicht erkannt wird. Erst im Verlauf des Zusammenseins kommt es dazu, daß den Jüngern aufgeht: Es ist der Herr. Dabei meint dieser Ausruf nicht einfach eine Feststellung. Es schwingt in ihm etwa folgendes mit: Er ist wahrhaft auferstanden; in ihm, den wir zunächst nicht erkannten, ist er neu bei uns. Z.T. enden die Geschichten damit, daß sich der Herr, nachdem er erkannt ist, den Augen der Seinen wieder entzieht.

Einübung des Lebens mit dem Auferstandenen

In dieser eigenartigen Spannung zwischen dem Nichterkennen und dem Erkennen sollen die Jünger die Erfahrung machen, daß der, auf den sie glaubend ihre Hoffnung gesetzt hatten, lebt und bei ihnen ist, daß er aber anders bei ihnen ist und mit ihnen geht als in seinen Erdentagen. Der Auferstandene ist der Jesus, mit dem sie gegessen und getrunken haben; das erweist er in Mahlgemeinschaften bei den Begegnungen; er lebt aber in einer neuen Wirklichkeit, die irdischer Nahrung nicht mehr bedarf. Er ist bei den Seinen in der Weise, in der Gott bei seinem Volk war und ist. Dies zeigt der Auferstandene den Seinen, um in ihnen einen Glauben zu wecken, der sich seinem Nahesein anvertraut, auch wenn er unsichtbar ist. Die Begegnungen, in denen er sich offenbart, sind Einübungen, neu mit ihm zu leben. In ihnen beginnt die Kirche als der Raum, in dem Glaubende sich in der ungreifbaren Gegenwart des Auferstandenen versammeln.

Der Herr sei mit euch!

Unser Zusammenkommen eröffnet der Priester mit dem Gruß »Der Herr sei mit euch!« Die Gemeinde wünscht dem Priester ihrerseits das Mitsein des Herrn. Wir denken an Jesus nicht wie an einen, der einmal »in jener Zeit« gelebt hat, zu den Menschen sprach und mit den Seinen das Brot brach. Wir denken an ihn im Glauben, daß er bei uns ist. Dem Zusammensein in seinem Namen gilt seine Zusage, daß er mitten dabei ist. Gegenwärtig ist er, wenn wir sein Wort hören. Darum stehen wir auf und erwarten, daß uns etwas von ihm gesagt werden soll. Wir glauben, daß er im Zeichen des Mahles da ist, um uns innerlich so nahe zu kommen,wie er es erst als der Auferstandene tun konnte. Jetzt erst als der Auferstandene teilt er sich selbst mit und geht in uns ein, damit wir teilhaben an seinem Geist, an der Liebe, die ihn mit dem Vater und mit uns verbindet. Obwohl die Auferstehung kein Geschehen in Raum und Zeit ist, dürfen wir von zwei Richtungen in ihr sprechen: Der Herr lebt mit dem Vater in der Herrlichkeit des Himmels, und er lebt bei uns in unseren Freuden und Nöten, in unseren Hoffnungen und Ängsten. Zu unseren Gottesdiensten versammeln wir uns als Christen, um in uns das Bewußtsein des neuen Naheseins des Auferstandenen auf allen unseren Wegen zu stärken.

Raum des Glaubens

Es gibt seit dem zweiten vatikanischen Konzil viel Mühe um die Erneuerung unserer Liturgie. Viel ist da getan für die bessere Verständlichkeit der Sprache, und noch mehr bleibt da wahrscheinlich zu tun. Es gibt eine neue Kreativität singenden Betens, auch wenn nicht alle neuen Lieder sich als tragend erweisen. Die Herausforderung, die Fragen unserer Zeit in der Verkündigung aufzunehmen, wird gesehen und angenommen, auch wenn nicht alles gelingt. Es wird mit viel Einsatz danach gesucht, wie Kinder und Jugendliche angesprochen werden und zur Mitwirkung ermutigt werden können. Bei alldem gehen Selbstzweifel mit. So unverzichtbar Mühe um Gottesdienstgestaltung ist, so klar muß sein und bleiben, welcher inneren Wirklichkeit die äußere Gestalt dienen soll. Unser Beten und Singen, unser Hören und Schweigen, unser Handeln und unsere Bewegungen sollen unseren Glauben an das Dasein Gottes im Auferstandenen bei uns ausdrücken und diesen Glauben stärken.

Es beginnt schon in der Weise, wie wir uns versammeln. Da hat jede und jeder von uns Verantwortung dafür, daß ein Raum des Glaubens entsteht, daß ein Klima aufkommt, in dem die Erfahrung möglich wird, die den sog. Lieblingsjünger sagen ließ: Es ist der Herr. Jede und jeder von uns hat auch Verantwortung dafür, ob eine Offenheit des Hörens entsteht, in der wir nicht irgendwie unterhalten sein wollen, sondern uns der ermutigenden und tröstenden wie der kritisch reinigenden Verkündigung Jesu aussetzen. Das Hochgebet, das der Priester in aller Namen an Gott richtet, gewinnt an Leben, wenn es wirklich in aller Namen gesprochen wird, d. h., wenn es vom Glauben spricht, der uns verbindet. Es hängt von unserem Glauben ab, wie wir die Hingabegeste und die Hingabeworte Jesu aufnehmen und in einem ehrfürchtigen Kommuniongang und Kommunionempfang beantworten. Ob darin und danach uns im gemeinsamen Schweigen eine Atmosphäre des Betens verbindet, auch das ist nicht nur Geschenk des Geistes, sondern auch Antwort auf unser glaubendes Verlangen, miteinander die Erfahrung zu teilen: Es ist der Herr.

Geheimnis des Glaubens

In manchem Erfahrungsaustausch über Liturgie wird kritisch gefragt, wo das »Geheimnis des Glaubens« geblieben sei. Dies sei in der Fremdheit der lateinischen Sprache, in der Verborgenheit des priesterlichen Handelns, in der Strenge ritueller Vorschriften, im Duft des Weihrauchs usw. besser geschützt und aufgehoben als in unseren reformierten Liturgien. Das kann sein, wenn es nur um Geheimnishaftigkeit geht. Es geht aber um das Geheimnis des Glaubens, und zwar des Glaubens, daß der Gekreuzigte lebt, daß er als Sakrament der Liebe Gottes da ist – in unserer Versammlung, in seinem Wort, am Tisch seiner Hingabe an den Vater und an uns. Dieses Geheimnis kann eine falsche Geheimnishaftigkeit eher verstecken als darstellen. Die Erfahrung dieses Geheimnisses lebt von dem Glauben, in dem wir zusammenkommen und feiern. Sie lebt auch von dem Glauben, mit dem wir draußen in unserem Alltag uns und einander erinnern an das Geheimnis des Glaubens: Es ist der Herr, mit dem wir leben und mit dem wir sterben.

4. Sonntag der Osterzeit
Auf seine Stimme hören
(Jo 10,27-30)

Plural der Stimmen

Für eine pluralistische Gesellschaft wie die unsere ist kennzeichnend, daß es keine allen gemeinsame Vorstellung vom Leben gibt. Um uns herum denkt man recht unterschiedlich von dem, wie Menschen zu einem Leben kommen, dem sie von Herzen zustimmen können. Die Möglichkeiten, das Leben zu entwerfen und zu gestalten, haben sich so vervielfacht, daß manche ziemlich ratlos vor der Frage stehen, worauf sie sich einlassen können und sollen. Nicht nur der Plural der Lebensmöglichkeiten und der faktisch auch gelebten Biographien kann verwirren. Wir werden zudem von vielfältigen Stimmen umworben, die etwas zu verkaufen haben. Werbung ist ein Teil des öffentlichen Lebens geworden. Da ruft es nach uns in einem dissonanten Konzert.

Die Gabe der Unterscheidung

Wenn wir im Laufe der Jahre eine Überzeugung von unserem Leben aufbauen und einen Stil unseres Lebens entwickeln, lernen wir, bei den vielfältig nach uns rufenden Stimmen zu unterscheiden. Es gibt Stimmen, die unsere spontane Abwehr hervorrufen. Es gibt Stimmen, die unsere unmittelbare Zustimmung und Vertrauen bekommen. Wir muten uns nicht alles an Lektüre oder Fernsehen zu aus der Erfahrung, daß uns nicht alles gut tut. So haben wir Erfahrung mit der Gabe der Unterscheidung. Wahrscheinlich haben wir auch Erfahrung damit, daß wir nicht immer zuverlässig unterscheiden, daß wir bei mancher Stimme, die sich unser Wohlwollen erlangt hat, hereingefallen sind und enttäuscht wurden.

Szene am Brunnen

Versuchen wir ~~auf dem Hintergrund dieser Erfahrungen~~ uns eine Brunnenszene vorzustellen. Da kommen an der Wasserquelle mehrere Herden mit ihren Hirten zusammen. Sie wollen alle trinken. Die Hirten tauschen einige Neuigkeiten aus. Nach einiger Zeit brechen sie wieder auf. Die Tiere sind inzwischen durcheinandergelaufen. Wie finden die Schafe neu zusammen bei ihrem Hirten? Die Hirten rufen, und die

Schafe hören unfehlbar die Stimme ihres Hirten heraus. So lasen wir im Evangelium: »Meine Schafe hören auf meine Stimme; ich kenne sie, und sie folgen mir.« Der Hirt und die Herde haben eine Geschichte miteinander, und in dieser Geschichte ist gegenseitiges Kennen gewachsen, Vertrautheit und Zusammengehörigkeit. An seiner Stimme findet die Herde zu ihrem Hirten und zueinander.

Mit dem Bild vom Schaf verbinden wir leicht Dummheit oder gar Blindheit. Ganz anders unser Evangelium. Das Schaf ist nie das ganze Bild. Das ganze Bild ist die Beziehung zwischen Hirte und Schaf. Und diese Beziehung wird nicht von dumm-blinder Gefolgschaft geprägt, sondern von Vertrautheit und Vertrauen. Es ist Klugheit, es sind gute Erfahrungen, es ist eine gewachsene Zugehörigkeit, die die Schafe auf die Stimme ihres Hirten hören und ihr folgen läßt.

Unsere Geschichte mit der Stimme Jesu

Uns führt hier gemeinsame Erfahrung mit der Stimme Jesu in unserem Leben zusammen. Zum Glauben sind wir gekommen, wenn wir irgendwann und dann auch weiter seine Stimme als einen Ruf in unser Leben gehört haben, der das Beste und Tiefste in uns berührt und freisetzt. Es muß in uns eine Zustimmung gegeben haben zu dem Leben, wie es durch das Evangelium uns vorgestellt und ermöglicht wird. Im Eingehen auf diese Stimme hat sich uns gezeigt, daß wir durch sie nicht betrogen, sondern auf einen wirklich guten Weg gebracht werden. Den Anfang eines solchen Weges mit der Stimme Jesu nennen wir »Berufung«. Bei manchen, die als Erwachsene zum Glauben kommen, kann es den einen Ruf geben, der gehört und befolgt wird und dadurch ein Leben ganz neu werden läßt. Bei den meisten von uns, die wir im Heranwachsen zu unserem Glauben kamen, wird es wohl eher so sein, daß für uns unmerklich so etwas wie eine Vertrautheit mit der guten Stimme Jesu gewachsen ist. Für uns alle gilt, daß wir in einer pluralistischen Gesellschaft nicht Christen sein können, ohne bei den Stimmen, die uns umwerben, zu unterscheiden. Es gab einmal ein Christsein durch den einstimmig christlichen Lebenszusammenhang. Auch wenn sich manche andere Stimme einmischte, gab es doch eine mit sehr vielen geteilte gemeinsame Ausrichtung an den Wegweisungen des Evangeliums. Die Zeit dieses Christseins geht ihrem Ende zu – nicht überall gleich schnell, aber doch überall bereits spürbar. Es beginnt eine Zeit, die den Anfängen der Kirche wieder ähnlicher ist. Es findet die Herde an der ihr vertraut gewordenen Stimme ihres guten Hirten zusammen.

Nachfolge

Die Stimme Jesu im Evangelium verspricht nicht einen leichten, unbelasteten Weg. Sie stellt uns nicht das vor Augen, was viele sich unter einem »schönen Leben« vorstellen. Unserem Hirten geht es um unser ewiges Leben. Nicht alle Stimmen, die uns umwerben, wollen wirklich unser Leben. Es gibt Stimmen, die uns um unser Leben betrügen wollen, und gerade sie sind in attraktiven Vesprechungen geübt. Vielleicht wächst gerade darin unser Vertrauen zu Jesus als unserem Hirten, daß er uns nichts vormacht, sondern in die Wahrheit führt, die wirklich trägt und Zukunft hat. Vor allem ist er den Weg der Liebe zu Gott und zum Nächsten selber vorangegangen – den Weg, der zwar in seine Passion führte, der aber durch sie hindurch in die alle Sehnsucht erfüllende Liebe des Vaters mündete. Wo wir uns auf die Nachfolge auf diesem Weg einlassen, ist uns mit dem Evangelium unseres Sonntags zugesagt: »Sie werden niemals zugrunde gehen, und niemand wird sie meiner Hand entreißen.«

Seine Einladung hören

Auf die Stimme unseres Hirten hören heißt in der Feier, zu der wir zusammen sind, auch: hören, wie er über Brot und Wein sagt: Nehmt, eßt und trinkt, ich bin es für euch. Dieser Stimme dürfen und sollen wir folgen im Vertrauen, mit ihm auf einem guten Weg zu sein, auf einem Weg, der schon hier und heute Leben gibt und ins Leben führt.

5. Sonntag der Osterzeit
Wie ich euch geliebt habe
(Jo 13,31-33a. 34-35)

Vieldeutiges Wort »Liebe«

Wie alle großen und wichtigen Worte der Menschheit, so ist auch das Wort »Liebe« viel mißbraucht worden. Nicht zuletzt dadurch ist es nicht eindeutig. Es kann eine Faszination bedeuten, der man verfällt. Manche nennen es »Liebe«, wenn sie einen anderen Menschen bis zur Entmündigung umsorgen. Besitzstreben kann sich hinter dem Wort verbergen. Flüchtige erotische Abenteuer werden »Liebe« genannt. Und auch dort, wo man es ernst meint mit der Liebe, läßt sich streiten, wie Liebe konkret zu werden hat, wie weit sie gehen kann und soll, wer sie von uns zu erwarten hat usw. Einmal wurde Jesus in einen solchen Disput verwickelt mit der Frage »Wer ist mein Nächster?« In der Gemeinde des Johannes-Evangeliums hat man nicht mehr abstrakt und theoretisch darüber diskutiert, was Liebe kann und soll. In ihr galt der Blick auf den, der sie gelebt hat bis zum letzten. Das eigentlich alte Gebot der Liebe wird zum neuen Gebot durch die nicht mehr berechenbare, sondern nur noch an der Not des Nächsten orientierte Praxis Jesu. So hörten wir: »Ein neues Gebot gebe ich euch: Liebt einander! Wie ich euch geliebt habe, sollt auch ihr einander lieben.« Im Johannes-Evangelium steht es wie ein Testament Jesu angesichts des Endes seiner irdischen Gemeinschaft mit den Seinen. Einige Erinnerungen, wie er uns geliebt hat, sollten wir lebendig werden lassen, um zu verdeutlichen, was christlich »Liebe« meint.

Die Fußwaschung

Das Johannes-Evangelium berichtet hier eindrücklich, daß Jesus den Seinen die Füße wäscht. Das wird einleitend wie folgt kommentiert: »Da er die Seinen, die in der Welt waren, liebte, erwies er ihnen seine Liebe bis zur Vollendung.« (13,1) Und zum Schluß heißt es da: »Wenn nun ich, der Herr und Meister, euch die Füße gewaschen habe, dann müßt auch ihr einander die Füße waschen.« Einander lieben, wie er uns geliebt hat, heißt: einander dienen, nicht sich bedienen lassen. Liebe hat danach nicht zuerst mit hehren Gefühlen zu tun, sondern ist auf nüchterne Praxis gerichtet. Die Symbolhandlung der Fußwaschung hat über das griechische Wort für »Dienst« in unsere Glaubenssprache gefunden: Diakonie. Worum es dabei geht, kann am Gegenteil besonders deutlich werden. Das Miteinander der Menschen ist zutiefst gestört durch einen oft zwanghaften Drang, sich übereinander zu erheben, sich selbst großzumachen und gleichzeitig die anderen kleinzuhalten, Herrschaft auszuüben. Vor allem darin hat Jesus das Gesicht der Sünde erkannt. Er, der heilen will, hat an der Wurzel dieser Seuche, an der so viele Beziehungen kranken und zerbrechen, angesetzt. Er hat sich die Schürze umgebunden und sich zum Knecht gemacht. Im Evangelium steht ausdrücklich, daß er das als »Meister und Herr« getan hat. Als Meister will er zeigen, wie es gut wird mit dem Leben; als Herr will er klarmachen, wie Freiheit gelebt wird. Das Leben wird heil, wo Menschen zur Freiheit finden, sich gegenseitig Dienste zu erweisen, wo sie Schluß machen mit der Herrschaft übereinander und mit der Erniedrigung des Nächsten. Paulus formuliert in der Erinnerung an die Erniedrigung Jesu bis in den Tod am Kreuz das »Liebt einander« des Johannes-Evangeliums so: »Tut nichts aus Rivalität oder Angeberei, sondern in Demut schätze einer den anderen höher ein als sich selbst. Jeder achte nicht nur auf das eigene Wohl, sondern auch auf das der anderen.« (Phil 2, 3-4)

Das Wohlwollen

Weil auch das Wort »Dienst« in unserer Kirchensprache wie eine Münze gebraucht wird, die durch Inflation ihren Wert verloren hat, kann es gut sein, den Wortwechsel des Paulus mitzuvollziehen. Einander lieben wie Jesus meint danach, auch auf das Wohl der anderen zu achten. In Jesus zeigt Gott uns, daß er uns wohl will. Gott hat uns gewollt, damit wir ihm gelingen. Er möchte, daß es wirklich und endlich gut wird mit ihm und uns. In der Glaubenssprache sagen wir, daß der Sohn Mensch wurde »um unseres Heiles willen«. Daß wir einander lieben, wie er uns geliebt hat, meint dann, daß wir einander von Herzen wünschen, es möge hier beginnend und in Gott einmal vollendet wirklich und von Grund auf gut mit uns werden. Versuchen wir auch hier, vom Gegenteil her zu verdeutlichen. Gegen die Liebe ist dann, daß wir dem anderen das Gelingen seines Lebens nicht gönnen; daß wir uns heimlich oder offen freuen über des Nächsten Schwächen und Wunden; daß wir ihm die Mitfreude verweigern, wo er Grund zur Freude hat, und ihn im Leid allein lassen, weil das seine und nicht unsere Last ist. Wir alle haben Erfahrung damit, wie wenig wir des Wohlwollens anderer sicher sein können – auch in der Kirche, in christlicher Gemeinde. Das ist die Macht der Sünde der Welt. Gegen sie gibt uns Jesus sein Testament, das Wohlwollen Gottes, das er gebracht und gelebt hat, sich ausbreiten zu lassen, es heilend sich auswirken zu lassen.

Die Vergebung

Wir müssen noch an den Auftrag denken, mit dem im Johannes-Evangelium der Auferstandene in den Kreis seiner Jünger tritt. Dort gibt er ihnen den Geist, in dem er sie geliebt hat, mit dem Auftrag der Vergebung. Die Liebe Jesu zu den Seinen und zur Welt ist vergebende, versöhnende Liebe. Sie rechnet nicht ab, sondern tilgt die Schuld. Sie öffnet so die Zukunft, macht den Weg frei für das Miteinander mit Gott und für ein neues Miteinander der Menschen. Das soll die Beziehung der Christen untereinander (und auch ihre Beziehungen zu den Menschen ihrer anderer Lebenswelten) prägen: die unermüdlich geschenkte Vergebung, damit die trennende Macht der Schuld immer wieder abgebaut wird und die Versöhnung von allem in Gott schon in dieser Zeit um sich greifen kann.

Der Geist der Liebe

Die österliche Zeit wird ihre Höhe im Pfingstfest finden. Mit dem neuen Gebot der christusähnlichen Liebe wären wir überfordert ohne den Geist seiner Liebe. Einander dienen, einander mit Wohlwollen begegnen, einander vergeben können wir nur aus der Gabe, die uns dazu befreit und ansteckt. Wir bitten um diese Gabe in jeder Feier der Eucharistie. Wir bitten darum, daß unsere Teilhabe am Tisch des Herrn uns Anteil gibt an seinem Geist und daß wir so sein Testament leben lernen.

6. Sonntag der Osterzeit
Christsein von innen
(Jo 14,23-29)

Fremd- oder Selbstbestimmung

Uns neuzeitlichen Menschen ist besonders kostbar unsere Freiheit. Sie mag von manchen mit Beliebigkeit oder Unverbindlichkeit verwechselt werden; sehr viele aber werden mit dem Wort Freiheit verbinden, daß sie von innen heraus, aus eigenem Antrieb reden und handeln können. Diese Selbstbestimmung wird als Gegensatz zu vielerlei Formen der Fremdbestimmung erfahren. So wahr es ist, daß wir in unseren modernen Gesellschaften noch vielen Zwängen ausgesetzt sind und gar nicht immer frei leben können, so deutlich ist uns, daß wir gegenüber Menschen vor uns privilegiert sind. Viele Menschen vor uns (und auch heute noch mit uns) hatten bzw. haben nicht die Möglichkeit, ihr eigenes Leben zu suchen und zu verwirklichen. Sie mußten in ein ihnen vorgegebenes Leben hineinfinden. Oft hatten sie auf ihnen fremd bleibende Anordnungen hin zu handeln. Eine wichtige Rolle spielte dabei die Gehorsamserziehung, durch die Menschen lernten, sich Autoritäten unterzuordnen und für diese verfügbar zu sein. Auch die Rede vom Gehorsam gegenüber dem Willen Gottes bekam in diesem Klima eine Farbe, die bis heute nachwirkt. Gott wird als Souverän mißverstanden, der Gebote und Verbote erläßt, die der Mensch als Untertan zu befolgen hat. Sein Auge kann überall kontrollieren, ob die Menschen sich danach richten. Lohn und Strafe sind als Antworten zu erwarten.

»Wer mich liebt ...«

Wie schlimm dadurch die Botschaft Jesu verstellt wird, hören wir in den Worten unseres heutigen Evangeliums. Da erwächst das Christsein aus einer inneren Erfahrung. Am Wort Jesu festhalten und sein Leben von diesem Wort prägen lassen wird, wer von Jesus in seinem Herzen ergriffen ist. Das Evangelium kann nicht wirksam werden, wo es außerhalb bleibt. Der Mensch muß erfahren haben, wie in der Begegnung mit Jesus das Beste und Schönste in ihm zum Klingen kommt und in Bewegung gebracht wird. Es muß ihm aufgegangen sein, daß so wie Jesus zu leben das wahre menschliche Leben ist. Es muß ihm wichtig geworden sein, dieses Leben sich vor die Augen des Herzens zu halten, um sich darin festzumachen und die eigene Lebensgestalt daran auszurichten. »Gehorsam« meint in dieser Beziehung nicht ein Handeln auf äußere Anordnung hin, sondern ein Hinhören auf den Ruf in ein Leben, wonach wir in der Tiefe unseres Herzens selber verlangen. So war Jesus seinem Vater gehorsam. Sein Gehorsam gegenüber dem Vater entfremdete ihn nicht, sondern ließ ihn sein eigenstes Leben verwirklichen.

»Wir werden bei ihm Wohnung nehmen«

Verstärkt wird diese Sicht, daß es christliches Leben nur von innen heraus gibt, durch die Zusage des Evangeliums, Jesus werde mit seinem Vater bei Menschen, die sich von ihm ergreifen lassen, Wohnung nehmen. Unser Gott ist eben nicht ein Gott, der über uns thront, um uns einer erniedrigenden Herrschaft und Kontrolle zu unterwerfen. Er ist ein Gott, den wir in uns selbst als das Geheimnis unseres Verlangens nach einem Leben in Fülle entdecken und verehren. Er ist der Gott, der uns in uns mit unserer Berufung als Menschen vertraut macht. Sein Wille und unsere Sehnsucht sind nicht zwei verschiedene Dinge. Vielmehr will er in uns wohnen, damit wir seinen Willen als das wahrnehmen, was wir zutiefst selber wollen. Christen werden wir nicht dadurch, daß wir vor einem Gott über uns den Nacken beugen, um seinen uns fremd bleibenden Willen zu erfüllen, sondern dadurch, daß wir ihm in uns Raum geben, damit er bei uns wohne und uns mit der Einheit von seinem Willen und unserer Freude vertraut mache.

Die Gabe des Geistes

Das Evangelium spricht von diesem Geheimnis in der Zusage der Gabe des Geistes. Damit ist die Fülle des Ostergeschehens gemeint, die wir an Pfingsten feiern dürfen. Der Auferstandene bleibt nicht außerhalb derer, die sich und die Welt ihm anvertrauen. Er gibt den Geist, um zu erinnern an die Liebe, die von seinem Leben und Sterben aus alles erneuern soll und kann. Als Christen leben und wachsen wir davon, daß der Geist in uns das Verlangen wachhält, Jesu Worte von der Barmherzigkeit und der Versöhnung, der Zuneigung zu den Kranken und Armen, der Mitfreude mit Gott über das Finden von Verlorenem, vom Verzicht auf Herrschaft und vom Reichtum des Teilens zu leben. Jesus geht es wie Eltern, die die Erfahrung machen, ihre Kinder nicht auf Dauer von außen dirigieren und kontrollieren zu können. Eltern müssen sich darauf verlassen, daß ihre Kinder von den Werten ergriffen werden, die sie ihnen mitzuteilen suchen. Jesus teilt uns das, was ihm wertvoll ist, mit durch den Geist, damit es nun uns wertvoll ist und immer wertvoller wird.

Die Gabe des Friedens

Von diesem Geschenk spricht das Evangelium in der Zusage des Friedens. Der Friede,»wie die Welt ihn gibt«, besteht oft darin, daß die Stärkeren die Schwächeren unter Kontrolle haben, so daß diese nicht aufbegehren können. Jesus will einen anderen Frieden geben: den Frieden, der die Spaltung zwischen Gott und uns, die Spaltung auch in uns selbst und so auch die Spaltungen zwischen uns Menschen überwindet. Sein Friede hat die Macht, uns mit Gott, mit uns selbst und untereinander zu versöhnen – von innen her. Nur von innen her wächst der Friede, in dem alles wirklich neu wird.

Gott in uns hereinbitten

Wir teilen wohl die Erfahrung zusammen, daß immer noch und immer wieder manches in uns wohnt, was nicht unserem Frieden dient. Nie haben wir dem Geist Jesu endgültig in uns Raum gegeben. Immer wieder müssen wir Jesus mit seinem Vater in uns hineinbitten. Nicht zuletzt dies führt uns Sonntag für Sonntag zusammen. Das Festhalten an seinem Wort meint nicht zuletzt, daß wir uns sein Wohnen in uns immer neu schenken lassen, um von innen heraus im Christsein zu bleiben und zu wachsen.

Fest der Himmelfahrt Jesu
Aufgefahren in den Himmel

Nicht nur berechnend und messend sehen

In unserem von den modernen Naturwissenschaften geprägten Weltbild hat die Rede vom »Himmel« keinen Platz. Da können wir nur vom »Weltraum« sprechen, den wir beobachtend, messend und rechnend immer tiefer erforschen und in den wir mit Instrumenten und Raumschiffen immer weiter vordringen. Es ist zum Staunen, was wir auf diesem Weg entdeckt haben und was uns dadurch möglich geworden ist. Zugleich melden sich Fragen, was aus uns wird, wenn wir nur noch das wahrnehmen und als wirklich zulassen, was wir messen und berechnen können. Vor allem wenn es um uns selbst geht, werden diese Fragen laut. Vielleicht kann eine Formel einmal erklären, warum wir einen Baum oder ein Gesicht schön finden. Vielleicht kann einmal berechnet werden, was in unserem Organismus vorgeht, wenn wir uns freuen oder traurig sind, wenn wir einander annehmen oder ablehnen, wenn wir hoffen oder verzweifeln. Vielleicht kann man uns sogar einmal mit Hilfe von Chemie froh oder traurig, freundlich oder unfreundlich, hoffnungsvoll oder verzweifelt machen. Aber wir wehren uns dagegen, daß Naturwissenschaft und Technik die einzigen Wege sein sollen, uns zu verstehen und mit uns umzugehen. Unser Herz mit seinen Sehnsüchten und Ängsten, mit seiner Freude und Trauer, mit seiner Fähigkeit zu lieben und zu hassen, mit seiner Begeisterung und Langeweile wollen wir nicht nur der Berechnung und Manipulation überlassen.

Mit dem Herzen sehen

Mit den Kräften unseres Herzens ahnen wir, daß uns noch eine andere Wirklichkeit umgibt und in uns wohnt als nur die, die wir greifen und messen können. In Bildern, nicht in Formeln sprechen wir davon. So können wir von einer Hand sprechen, die alles und in all dem auch unser Leben trägt. Wir können von der Heimat sprechen, zu der wir mit unserer Geschichte unterwegs sind. Wir können von einem Oben sprechen, von dem unser Leben Anregungen zum Guten, Kräfte zur Liebe und Wegweisungen in die Zukunft empfängt. So sprachen Menschen vor uns vom »Himmel«. Sie meinten damit nicht den Weltraum. Sie meinten damit überhaupt nicht, den Himmel zu begreifen, wenn sie von ihm sprachen. Aber sie wollten doch von ihrem ahnungsvollen Verlangen sprechen nach einer Welt Gottes, die uns umgibt und trägt, in der nur der Friede wohnt, in der wir eine Heimat finden sollen und von der her wir in Güte und Erbarmen angesehen und beschenkt werden. So erhoben sie bittend, klagend und preisend ihre Hände und Augen zum Himmel. Und wir tun es ihnen nach im Vertrauen, daß durch unser Herz unser modernes geschlossenes Weltbild doch nach »oben« hin offen ist für die Geschichte, die Gott mit uns haben will. Wenn wir es tun, erfahren wir, daß die uns überlieferten Bilder nicht weniger von Wirklichkeit sprechen als unsere Formeln. Es würde sehr kalt um uns, wenn wir uns nur noch umgeben wüßten von einem Weltraum ohne Anteilnahme, Verständnis und Güte. Wir würden uns selbst fremd, wenn wir uns nur noch als komplizierte chemische Regelkreise ohne Eingebung, Verantwortung und Freiheit begreifen könnten.

Jesus beim Vater und in ihm bei uns

Wenn wir von Jesus bekennen, daß er aufgefahren ist in den Himmel, dann sprechen wir im Bild von dem, wohin er aus seinem Tode heraus gegangen ist. Er ist in das Leben hineingenommen, das alles andere Leben trägt. Er ist in die Liebe einbezogen, von der all unsere Fähigket zu lieben herkommt. Er ist in die Heimat gerettet, die, solange wir leben, vor uns bleibt. Er ist bei Gott, beim Vater. Er ist als erster Mensch dort, wo unsere ganze Geschichte ihr Ziel finden soll. Und mit und in Gott, dem Vater, ist nun auch er uns bleibend nahe bis zum Ende der Zeit. Er gibt uns das Brot der Liebe und des Friedens, das wir schon hier und heute anfangen sollen, miteinander zu teilen. Mit und in Gott, dem Vater, ist er mit uns auf dem Weg, damit auch wir einmal dort sind, wo er ist. Wir feiern und teilen heute unsere Hoffnung.

7. Sonntag der Osterzeit
Kirche als Sakrament der Einheit
(Jo 17,20-26)

Die Einheit als Zeichen

An der Einheit der Christen soll die Welt erkennen, daß sie nicht von Gott verlassen ist, daß Gott vielmehr in Jesus den gesandt hat, durch den sie geheilt werden soll. Wenn das Evangelium so spricht, ist vorausgesetzt, daß die Welt vor allem an der Schwierigkeit oder gar Unfähigkeit der Menschen leidet, zu einem Miteinander und Füreinander zu finden. Die Sünde der Welt wirkt sich von Anfang an und bis heute tatsächlich vor allem darin aus, daß wir Menschen es so schwer miteinander haben – in unseren kleinen Lebenswelten, innerhalb unserer Gesellschaften, zwischen den Nationen und heute in der immer mehr zusammenwachsenden und doch von tiefen Spannungen geteilten Menschheit.

Die Kirche nahm ihren Anfang im römischen Reich, das zwar durch militärische Macht äußerlich zusammengehalten wurde, aber in sich von Fremdheiten, Rivalitäten, gegenseitiger Verachtung, sozialen Gräben geprägt war. In dieser Welt fanden in den ersten christlichen Gemeinden Menschen aus einander fremden oder gar verfeindeten Gruppen zusammen. Vor allem nahmen Juden und Heiden einander als Schwestern und Brüder an. Aber auch Arme und Reiche kamen sich näher. Gebildete und Ungebildete hatten einander etwas zu sagen und zu geben. Es machte keinen Unterschied, ob man Herr oder Sklave war. Diese Gemeinden waren zwar keine heilen Welten. Sie mußten immer wieder gemahnt werden, ihre Geschwisterlichkeit konsequent zu leben und die Einheit des sie verbindenden Geistes zu wahren. Aber es gab eben doch das Wunder, daß nationale, soziale, religiöse Gräben überwunden wurden. Und das wurde als Zeichen erfahren, daß von Gott her eine neue Kraft in die Geschichte eingedrungen ist. Die Verkündigung des gekreuzigten Jesus als von Gott Auferweckten war begleitet von der Erfahrung der versöhnenden Kraft des Glaubens an ihn. Der Glaube verband Menschen, die sonst nichts miteinander zu tun hatten, ja einander fremd und feindlich gegenüberstanden.

Erfahrungen mit gelingender oder mißlingender Gemeinschaft

Was uns im Miteinander hindert oder fördert, können wir wohl am deutlichsten in unseren unmittelbaren Beziehungen mit Menschen in unseren kleineren Lebenswelten aufdecken. Schon dort, wo eine Gemeinschaft von Liebe getragen ist, wie in der Beziehung zwischen Mann und Frau, läßt sich beobachten, daß es nicht genügt, wenn Menschen nur ihre Beziehung zueinander haben, darin aber nichts miteinander teilen. Am Anfang mag es so etwas wie eine gegenseitig anziehende Faszination geben; wahrscheinlich ist auch sie schon mit der Ahnung verbunden, im anderen etwas zu finden, was man mit ihm teilen kann – nicht nur die Freude aneinander. Spätestens in der Geschichte der Liebe muß beiden etwas gemeinsam wichtig und bewegend und eben dadurch verbindend werden. Manchmal ist das gemeinsame Engagement möglich. Wo dies nicht der Fall ist, wird das Gespräch ganz wichtig. Im Gespräch zeigen Menschen einander ihr Leben und was ihnen wichtig ist, und im Sprechen und Hören bekommen sie gegenseitig Anteil am Inhalt ihres Lebens. Das ist nicht nur in Partnerschaften so, so ist es auch in Familien, in Freundschaften, in Beziehungen der Nachbarschaft oder des Kollegenkreises. Je tiefer das ist, was wir Menschen miteinander teilen, desto tiefer finden wir zusammen. Oberflächliche Gemeinsamkeiten schaffen nur oberflächliche Gemeinschaft. Die Kegel oder Bridgekarten allein führen nur wenig zusammen. Näher kommen Menschen einander, wo sie sich gegenseitig ihre Not und ihre Freude zeigen und sie miteinander teilen.

Was die Christen verband und heute verbinden kann

Was die Christen von Anfang an verband und uns heute verbinden kann und verbinden soll, nennt unser Evangelium sehr einfach und tief: Die Liebe, mit der der Vater den Sohn geliebt hat, ist in den Christen, und damit ist der Sohn selbst in ihnen. Die ersten Christen wurden zusammengeführt, indem ihnen aufging, daß der eine Gott in der Sendung Jesu mit seiner Fremdheit und Feindschaft überwindenden Liebe unter die Menschen gegangen ist, daß er im Geschehen von Kreuz und Auferstehung Jesu die endgültige Versöhnung der Menschen mit sich begonnen hat und daß er darin die eine so zerrissene Menschheitsfamilie wieder zur Einheit führen will. Diese Liebe, die in ihre Herzen ausgegossen wurde, läßt die Christen teilhaben an der dynamischen Bewegung, in der Gott alle und alles mit sich versöhnen und alle Trennungen der Menschen untereinander überwinden will. Wo Menschen sich im Glauben an diese Liebe Gottes taufen lassen, ist es nicht mehr wichtig, aus welcher Nation, aus welcher sozialen Gruppe, aus welcher religiösen Tradition sie kommen. Sie bilden zusammen mit ihren Schwestern und Brüdern den Anfang der neu von Gott gesammelten Menschheit. Diese Sicht der Kirche stand im Mittelpunkt der Neubesinnung auf unserem letzten Konzil. Die Kirche wurde – ganz in Entsprechung zum Gebet Jesu im heutigen Evangelium – wiederentdeckt als Zeichen und Werkzeug für die innigste Vereinigung mit Gott wie für die Einheit der ganzen Menschheit.

Das Versagen der Kirche an ihrer Sendung

Das Gebet Jesu im Evangelium läßt schon ahnen, wie gefährdet die Einheit der Christen von Anfang an war und wie durch das Versagen der Christen die die Menschheit einende Kraft der Kirche geschwächt werden kann. Christen wurde und ist z.T. bis heute ihre Nation wichtiger als das, was sie mit anderen Christen verbindet, und so nahmen und nehmen sie z.T. bis heute teil an den Fremdheiten, ja Feindschaften und Gewalttätigkeiten, die Nationen trennen. Christen gingen im Streit zwischen Ost und West auseinander und spalteten sich im Westen in Konfessionen. Nicht nur die Kirche verlor an Glaubwürdigkeit, die Sendung Jesu selbst wurde verdunkelt. Diese Last liegt über unserer Geschichte. Das als Schuld zu erkennen und zu bekennen, ist Voraussetzung dafür, daß die Kirche ihren Dienst an der Einheit wiederfinden und wirksam versehen kann. Wo die Liebe, die Vater und Sohn verbindet, in Menschen wohnt und damit die Vision der Einheit aller Menschen, muß es unwichtig werden, welcher Nation Menschen angehören. Wo Christen zu ihrer Berufung, Zeichen der Einheit zu sein, zurückfinden, dürfen sie sich nicht länger durch Lehrstreitigkeiten aus der Geschichte trennen lassen, deren Inhalt fast nur noch Experten verstehen können. Nur untereinander versöhnte Christen können der Versöhnung dienen und neue Anziehungskraft gewinnen.

Versammelt um den Tisch der Einheit

Wir sind um das Geheimnis versammelt, in dem die Liebe, die Vater und Sohn verbindet, in unseren Herzen erneuert wird. Die Kirche wird um dieses Geheimnisses willen »Gemeinschaft am Heiligen« genannt. Der Tisch, um den wir zusammen sind, ist Vorschein des einen Tisches, an dem Gott alle und alles von sich leben lassen will. Dies ist die Hoffnung, die wir am Sonntag feiern dürfen. In ihr ist es nicht genug, daß wir hier unsere Einheit untereinander ausdrücken und erneuern lassen. Wir müssen diesen Tisch mit allen Christen teilen. Wir müssen an ihm daran denken, daß wir Schwestern und Brüder auf dem ganzen Erdenrund haben. Wir müssen unseres Gottes Willen teilen, gegen alle trennenden Mächte ein umfassendes Füreinander der Menschen zu schaffen. Das alles geschieht nicht zuerst durch unsere Anstrengung, sondern dadurch, daß wir die Liebe empfangen und teilen, mit der unser Gott alle und alles umfängt.

Pfingsten
Zeugen der Hoffnung
(Apg 2,1-13)

Geisterfahrungen

Mit dem Geheimnis unseres heutigen Festes leben wir jeden Tag – auch wenn dies uns eher selten bewußt wird. Wir freuen uns daran, wie die Natur zu neuem Leben erwacht ist und ihre Pracht entfaltet. Es ist der Geist, der in sie eine Spur der Schönheit Gottes einträgt und uns dieses sehen läßt. Uns umgibt das Geheimnis des Lebens – auch das unseres eigenen Lebens. Daß wir ein- und ausatmen, daß unser Herz schlägt. Wir leben, weil Gott uns seinen Geist einhauchte. Uns Menschen gab er dadurch Anteil an seiner Fähigkeit zu lieben. Kein Mensch ist ganz ohne die innere Erfahrung zu lieben, und darin lebt er mit dem Geheimnis des Heiligen Geistes. Er ist es, der uns den Geschmack am Guten gibt. Er ist es, der uns zur Versöhnung drängt. Er ist es, der uns in die Solidarität ruft. Er ist es, der unser Herz in der Erfahrung des Schönen bewegt und manchmal sogar außer sich geraten läßt. Es gibt wohl keinen Menschen, der nicht irgendwann in seinem Leben zutiefst dankbar wurde. Der Geist gab ihm dann ein, auf Gottes Gaben in seinem Leben zu antworten. Wohl mit fast allen Menschen teilen wir die Erfahrung, daß in der Traurigkeit ein Trost geschenkt werden kann, der weiterhilft, oder daß in Ratlosigkeit ein Weg sich öffnen kann, der den nächsten Schritt tun läßt. Immer war und ist es der Geist Gottes, der so in uns und an uns handelt. Im Gebet gibt es die Erfahrung, daß wir innerlich gewiß sind, von einem ganz guten Geheimnis unseres Lebens verstanden und gehört zu werden und so recht daran zu tun,»Vater unser« zu beten. Es ist der Geist, der uns bezeugt, daß wir in Wahrheit Kinder Gottes sind.

Gottes Treue zum Leben

Bei all den angedeuteten Berührungen mit dem Geheimnis des Heiligen Geistes in unserem Leben geht es darum, daß Gott wirksam wird mit seiner Kraft, Leben zu schenken und zu erneuern, zu heilen und aufzurichten. Gegen alles, was das Leben und dessen Gelingen in der Liebe bedroht, ist er die größere Kraft, die rettet und versöhnt. Gott ist dem treu, was er am Anfang durch den Geist geschaffen hat. Er will, daß es lebt und in ihm an sein ganz gutes Ziel gelangt. All die bedrängenden

Nachrichten, die uns Tag für Tag erreichen und belasten, sind nur die eine Seite der Wirklichkeit. Menschen leben nicht nur friedlos und haßerfüllt gegeneinander oder kalt nebeneinander her; unsere Welt ist auch erfüllt von gegenseitiger Anteilnahme und von der Suche nach Versöhnung, vom tätigen Verlangen, mit den Armen zu teilen, und vom Erbarmen mit den Schwachen und Kranken. Gottes Geist ist eine reale positive Macht in unserer Geschichte, und er findet Menschen, durch die er immer wieder Versöhnung wirken kann, Befreiung und Erneuerung.

Ostern zieht ein in unsere Geschichte

Wir Christen feiern diese lichtvolle Wahrheit als die Fülle des Ostergeheimnisses. Wir erinnern uns daran, wie Menschen damals Jesus erfuhren als Ort, an dem Gott die Kraft seines Geistes erwies und Kranke heilte, Sünder auf einen neuen Weg brachte, Menschen als Schwestern und Brüder zu einer neuen Familie seiner Kinder versammelte. Am Kreuz schien es aus zu sein mit dieser Spur des Lichtes Gottes. Dennoch verbreitete sich vom Kreuz aus nicht eine alles erstickende Resignation. Nach einer Weile verzweifelter Trauer erfüllte die Jünger vielmehr eine überraschend neue Kraft der Hoffnung. Die Auferstehung Jesu selber bleibt uns geschichtlich ungreifbar. Was geschichtlich nicht zu leugnen ist, ist die Wandlung der mutlosen und verängstigten Jünger zu Menschen, die mit unwiderstehlicher Vollmacht Zeugnis geben vom Leben des Gekreuzigten. Der Auferstandene erfüllte sie mit seinem Geist, offenbarte ihnen sein neues Leben in der Herrlichkeit beim Vater und schenkte ihnen eine Ahnung davon, welche Verheißung damit ihnen, allen Menschen und sogar der ganzen Schöpfung gegeben ist. Ganz neu ging ihnen auf, daß Gott nicht den Tod, sondern das Leben will. Die Sünde, die man auch mit einem Wort Papst Johannes Pauls II. »Kultur des Todes« nennen kann, hatte dadurch, daß der Sohn sie liebend erlitt, ihre Übermacht verloren. Sie bleibt zwar spürbar und sogar mächtig in der Welt. Der Sieg aber gehört ihr nicht. Machtvoller als die Sünde ist die Liebe Gottes, und sie ist ausgegossen in die Herzen aller, die dem Sohn die Liebe seines Vaters glauben und sie dadurch Macht über sich gewinnen lassen. An Pfingsten feiern wir, daß der österliche Sieg des Auferstandenen hineingeht in unsere Geschichte in der Gabe seines Geistes.

Bevollmächtigung zum Hoffnungszeugnis

Wo Menschen nicht mehr glauben, können sie denn nicht leben ohne die Hoffnung, daß es gut wird mit ihrem Leben. Es ist für Menschen aber schwer, in eigener Vollmacht zu behaupten, daß das Licht stärker ist als das Dunkel, daß die Liebe mehr Kraft hat als die Herzenskälte, daß Versöhnung den Haß überwinden kann. Am Pfingstfest werden Menschen von Gott ergriffen, um in seiner Vollmacht als Zeugen hinauszugehen und zu verkünden, was er getan hat, was er heute tun will und was er einmal alles vollendend tun wird. Pfingsten ist das Fest der von Gott beauftragten und von seiner Treue getragenen Zeugen des – wie man mancherorts heute sagt – positiven Denkens. Der Gekreuzigte, der alle Negativität getragen und erlitten hat, sendet aus der Herrlichkeit beim Vater die »Kraft aus der Höhe« und rüstet mit ihr die Zeugen aus, die seine neue Nähe ausrufen und den Menschen sagen, daß sie sich aus allem Dunkel ihres Lebens hineinrufen und hineinretten lassen dürfen und sollen in den Raum seines heilenden, erneuernden, befreienden Wirkens durch den Geist. Nicht nur das Amt wurde damals und wird heute mit dem Geist zum Zeugnis ausgestattet. Von der pfingstlichen Versammlung damals hörten wir: »Auf jeden von ihnen ließ sich eine (der Zungen wie von Feuer) nieder.« Da waren nicht nur die Apostel und nicht nur Männer versammelt. Jede und jeder von denen, die gemeinsam auf das Geschenk des Auferstandenen warteten, bekam Gabe und Auftrag, das neue Leben des Gekreuzigten als Anbruch der neuen Schöpfung zu verkünden. In ihr erweist sich Gottes Treue als die Sünde und Tod überwindende Kraft.

Bitte um immer neues Kommen

Uns hat diese Begabung mit der Vollmacht zum Hoffnungszeugnis erreicht in unserer Taufe. Kein Mensch ist ein für allemal damit ausgerüstet. Darum feiert die Kirche den Geist als Gottes gute Gabe mit dem Ruf nach seinem immer neuen Kommen. Dieser vielfältige Ruf verdichtet sich in der Feier der Eucharistie, wenn wir darum bitten, daß der Geist unsere Gaben erfüllt und uns Jesu Liebe bis zum letzten gegenwärtig macht. Aus unserem Anteil am Leib des Herrn im eucharistischen Mahl erbitten wir die Erneuerung seines Geistes. Nur er kann uns der Liebe Gottes so gewiß machen, daß wir davon erfüllt werden, sie miteinander teilen lernen und den Menschen um uns vollmächtig bezeugen können.

Sonntage im Jahreskreis

2. Sonntag
Zeichen der Fülle
(Joh 2,1-11)

Erfahrung von Grenzen und Verlangen nach Fülle

Eines der Spannungsfelder, die unser Leben als Menschen kennzeichnen, verbindet die Erfahrungen von Grenzen und das Verlangen nach Fülle. Menschsein heißt begrenzt sein. Wir haben nur begrenzt Zeit und Kraft. Wir können nicht alles und müssen darum auswählen, worauf wir zugehen und was wir lassen. Es gilt als Tugend, wenn wir uns Grenzen setzen und maßhalten können. Wenn wir unseren Planeten nicht ruinieren wollen, werden wir lernen müssen, uns auf seine begrenzten Möglichkeiten einzustellen. »Alles mit Maß« ist eine Regel nicht zuletzt für unser Essen und Trinken. Das ist die eine Seite, und es gibt Zeiten, in denen wir mit unseren Grenzen versöhnt leben können. Da ist aber auch der andere Pol. Zum Menschsein gehört die Sehnsucht nach Fülle. Es gibt Zeiten, in denen das uns gesetzte Maß uns einengt und wir es sprengen möchten – auch im Essen und Trinken. Wir können uns stoßen an unseren begrenzten Lebensmöglichkeiten und mehr leben und erleben wollen. Vor allem ist uns etwas Freude zu wenig. Wir möchten ganz froh sein. Uns ist ein bißchen Friede zu wenig. Wir hungern und dürsten nach einer Versöhnung, die alle umfaßt. Es gibt eine falsche Bescheidenheit, in der Menschen sich auf eine wenigstens einigermaßen heile kleine Welt beschränken, in ihr zu klein werden und verkümmern. An unsere eigentliche menschliche Berufung erinnert uns ein in vielen Menschen immer wieder sich meldendes Verlangen nach Fülle.

Alltag und Fest

Verbunden mit der Spannung zwischen Grenze und Fülle sind die zusammgehörenden Pole Alltag und Fest. Dabei hat der Alltag eher mit unseren Grenzen zu tun, das Fest eher mit unserer Sehnsucht nach unbegrenzter Freude und erfülltem Leben. Im Fest suchen Menschen einer sie ganz erfüllenden Freude Raum zu geben. Feste kann man nur in der begründeten Überzeugung feiern, daß es auf unser Verlangen nach Fülle eine Antwort gibt. Es bleibt die Alltagserfahrung mit unseren Grenzen. Das Fest begeht aber die Hoffnung, daß unsere Grenzen nicht das letzte Wort über uns sind, daß wir vielmehr teilhaben sollen an einem Leben in Fülle. Gott nannte am 7. Tag sein Werk nicht nur recht gut, sondern ganz gut. Dieses unbegrenzte Gutsein von allem ist es, wonach wir in unserer Sehnsucht nach Fülle verlangen.

Hochzeit und Wein

Nicht nur die Wochenfeste sind in unserer biblischen Überlieferung Vorgeschmack der Fülle, über die nur Gott verfügt und die er für die Menschen vorbereitet. Auch die Hochzeit gilt als Fest, das einen Vorgeschmack auf unbegrenzte Freude gibt. Bis heute sind viele Hochzeiten so gestaltet, daß an ihnen Fülle an die Stelle der Grenzen tritt. Daß Jesus im Johannes-Evangelium das erste Zeichen auf einer Hochzeit getan hat, ist schon zeichenhaft. Was in Jesus von Gott her zu uns Menschen kommt, hat mit seinem Willen zu tun, uns das Leben in Fülle zu gewähren. Eine der Selbstaussagen Jesu bei Johannes lautet: »Ich bin gekommen, daß sie das Leben haben und daß sie es in Fülle haben.« (10,10) Das Bild der Hochzeit greift Jesus auf, um zu erklären, warum seine Jünger nicht so asketisch leben wie die Jünger des Täufers: »Können die Freunde des Bräutigams trauern, solange der Bräutigam bei ihnen ist?« (Mt 9,15) Daß es um ein Zeichen der Fülle geht, wird ganz deutlich bei dem Fassungsvermögen der Krüge – 6 mal 100 Liter – und bei der so außerordentlichen Güte des Weines. Nicht die verwandelnde Kraft Jesu ist das Zeichen. Es wäre ebenso schwierig, Wein in Wasser zu verwandeln. Wichtig ist, daß das Wasser zu Wein wird, dem Symbol miteinander geteilter Freude, und daß er in so großer Güte und in fast unbegrenzter Menge gegeben wird. Darin scheint auf, wer Jesus von Gott her für die Menschen ist und sein will: der Anbruch eines ganz von Freude erfüllten Lebens in Fülle.

Zeichen und Glaube

Zugleich damit, daß Jesus etwas von sich zeigt, beginnt noch eine andere Geschichte: Menschen beginnen, an ihn zu glauben. Von Anfang an spricht das Johannes-Evangelium von der traurigen Wahrheit, daß die Menschen das Licht nicht aufnahmen, das Gott ihnen in Jesus schenken will. Das ganze Evangelium ist bis in die Passion eine Geschichte der Blindheit gegenüber dem Geschenk Gottes, sogar eine Geschichte der feindlichen Ablehnung. Von Anfang an ist aber auch vom Glauben die Rede. Einige nehmen ihn auf und werden Kinder Gottes. Seine Jünger glaubten an ihn, so hieß es im heutigen Evangelium. Nach der ärgerlichen Rede, in der Jesus davon spricht, daß er sich selbst mit Fleisch und Blut den Menschen zur Nahrung geben will, gehen nicht alle. Einige bleiben, weil die Erfahrung ewigen Lebens sie bei Jesus hält. Und als Jesus sich Thomas, der unter dem Kreuz seinen Glauben verlor, mit den Wunden zeigte, sah dieser die Wunden als Zeichen der Liebe und wurde ganz neu zu einem Glaubenden. Das Evangelium unseres Sonntags verkündet nicht nur das Zeichen, das Jesus gab; es verkündet auch, daß es Jünger gab, deren Herzen das Zeichen erkannten und die zu glauben begannen. Die übrige Hochzeitsgesellschaft hat offenbar nicht mehr davon gehabt, als daß sie vor dem Ende der Feier einen besonders guten Wein gereicht bekam und ihm tüchtig zusprechen konnte. Es gab aber auch die Jünger, Menschen, die das Zeichen veränderte, denen etwas aufging, deren Herzen ein Licht sahen. Sie sahen im Zeichen, daß ihr Verlangen nach Fülle in Jesus seine Antwort bekommen sollte.

Zusammensein, um den Vorgeschmack der Fülle zu feiern

Mit uns leben viele Menschen, denen fraglich ist, ob es für ihr Verlangen nach Freude eine Erfüllung gibt. Darum ist es vielen schwer geworden, mit anderen zu Festen zusammenzufinden, die die Kraft haben, eine belastbare Hoffnung in ihnen zu wecken und am Leben zu halten. An Wochenenden werden wohl viele Feten gefeiert; aber Feste werden selten daraus. Die Zeichen, die uns umgeben, sprechen mehr von den begrenzten Möglichkeiten der Menschen als von den unbegrenzten Möglichkeiten Gottes. Wirkliches Feiern geht wohl nicht unter der Überanstrengung, daß wir selbst alles ganz gut machen müssen, sondern nur unter der Zusage Gottes, daß von ihm her alles gut zu werden begonnen hat. Es ist ein Geschenk, wenn wir Christen begegnet sind, an deren Glaube unser Glaube an Gottes Nahekommen in Jesus sich entzünden konnte. Es ist ein Geschenk, wenn wir zu Glaubensgemeinschaften zusammengerufen sind, die feiern dürfen und sollen, daß Gott in Jesus mit seiner Erfüllung unseres Verlangens nach Fülle begonnen hat. Sicher: Wir sehen noch nicht von Angesicht zu Angesicht. Wir erlangen auch hier an unserem Feiertag der Woche noch nicht die Fülle. Aber wir empfangen einen Vorgeschmack. Im Zeichen wird Gegenwart, wie sehr Gott die Welt geliebt hat und liebt: bis zur Hingabe seines Sohnes. Und im Zeichen bekommen wir schon hier und heute Anteil an dem Leben, über das der Tod keine Macht mehr hat. Während wir noch in unseren Grenzen leben, ist doch die Grenze zwischen uns und der Lebensfülle, die Gott selber ist, durchbrochen. Das kann und soll uns Zeichen unter den Menschen ermöglichen, durch die ihnen wenigstens etwas aufgehen kann von der Hoffnung, in die sie mit uns gerufen sind.

hören wir selten in unseren Medien. Aber es gibt Menschen, die im Geist Jesu sich einsetzen für die Armen, die Unterdrückten, die ihres Landes und damit ihrer Lebensgrundlagen Beraubten. Sie setzen sich im Namen ihres Gottes für diese Menschen ein. Sie werden verfolgt und einige von ihnen werden ermordet. Das geschieht zwar nicht unter der Fahne anderer Religion; aber dahinter steht doch eine andere religiöse Überzeugung. Die Überzeugung nämlich, daß da kein Gott lebt, der die Armen und ihre Not sieht, daß sich kein Gott um die Unterdrückten kümmert, daß kein Gott daran denkt, sich in die Verteilung der Lebensmöglichkeiten unserer Erde einzumischen. Es gibt bis heute die Überzeugung, daß der Gott, den Jesus verkündet hat, nicht lebt und daß man, wo ein Leben im Geist dieses Gottes stört, gut daran tut, es zu beseitigen. Es gibt Länder, in denen man ungestraft durch Mord lästige Menschen loswerden kann. Bei uns laufen die Auseinandersetzungen verdeckter, und manchmal gehen sie mitten durch uns selbst hindurch.

Das Ausgrenzen Jesu

Vielleicht kommen wir dem auf die Spur, wenn wir im Versuch der Bewohner Nazareths den Versuch erkennen, Jesus mit seinem Anspruch auszugrenzen. Immer wieder flammt die Diskussion darüber auf, ob man mit der Bergpredigt Jesu Politik machen kann. Da gibt es dann die einen, die zwar zugeben, daß die Vision Jesu nicht unmittelbar in politisches Handeln umzusetzen ist, daß man sie aber als Inspiration in sich tragen muß, wenn man als politisch Handelnder sich zum Gott und Vater Jesu bekennen will. Und es gibt die anderen, die Jesu Rede von Gott in der Bergpredigt – und letztlich geht es ja darum, wer der lebendige Gott ist – ausgrenzen, aus dem wirklichen Leben verdrängen in die Kirchenräume, wo sie nicht mehr stört. Ähnlich geht es mit vielen in Gott gründenden Weisungen Jesu in unserer persönlichen Lebensüberzeugung und -praxis. Da steht die Überzeugung, daß unsere erste Sorge dem zu gelten habe, wie Gott sich mit seinem guten Willen in unserem Leben durchsetzt, gegen eine oft ziemlich anders orientierte Tagesordnung. Wir lieben vor allem doch die, die auch uns lieben, und leben an den anderen vorbei. Wir teilen sehr oft mit halbem Herzen. Wir überlassen nicht Gott das Urteil über den Nächsten. Wenn es darauf ankommt, sind uns unsere Blutsbande wichtiger als die Brüder und Schwestern, die uns durch Gott, unseren Vater, verbunden sind.

Ganz ernst nehmen wir unseren Gott nicht, wenn uns unsere leiblichen Geschwister näher sind als die, die mit uns in der Taufe Kinder Gottes wurden. Mitten durch uns hindurch geht es, daß wir uns zwar zur einen Seite hin von Jesus den Glauben an ihn und seinen Vater schenken lassen, daß wir uns zur anderen Seite hin aber auch gegen ihn wehren. Das kann durchaus zusammengehen mit der Ahnung, daß es für uns selbst und für unser Zusammenleben wunderbar gut wäre, wenn wir uns ganz und von der Wurzel her, also radikal auf ein Leben wie Jesus einlassen würden. Verstehen werden wir wohl nie, worin die Gegenwehr gegen Gott, der nur Gutes mit uns will, ihren Grund hat. Wie es nicht zu verstehen ist, warum sich Menschen mit tödlichem Haß gegen Jesus wehrten.

Unglaube auch in der Kirche

Daß der Unglaube der Volksgenossen Jesu, die Verstoßung Jesu durch sie zusammengehört mit dem trotz unseres Glaubens auch noch lebendigen Unglauben in uns, ist wichtig zu sehen, damit wir nicht in falsche Freund-Feind-Bilder geraten. Solche Bilder haben viel Unheil angerichtet. Da stellte man auf die eine Seite das ungläubige Israel und auf die andere Seite die glaubende Kirche. Dabei vergaß man, daß die Kirchen mit glaubenden Juden begonnen hat und daß wir auf dem Glauben dieser Juden gründen. Und man übersah, wieviel Unglaube in der Kirche Raum hatte durch all die Jahrhunderte hindurch bis zu uns. Der Gott und Vater unseres Herrn Jesus Christus wurde trotz der Lippenbekenntnisse nur sehr selektiv geglaubt. Vieles, was Jesus von Gott brachte, wurde ausgegrenzt. Menschen herrschten weiter über Menschen und dachten Gott so zurecht, daß es vor ihm zu rechtfertigen war. Als Getaufte griffen sie zu Waffen, nahmen Gott für sich in Anspruch mit der Losung »Gott mit uns« und merkten nicht mehr, wie sie dabei den Gott, der die Menschen mit sich und untereinander versöhnen will, aus ihrem Denken vertrieben. Auch bei den neuen Verwandten Jesu, den Christen, hat es Unglaube gegeben und gibt es ihn.

Gerufen in den Raum des Glaubens

Der Unglaube, der Jesus am Anfang seines Wirkens in seiner Heimatstadt entgegenschlägt, soll ihn noch nicht töten. »Er schritt mitten durch die Menge hindurch und ging weg.« Sein Weg fing erst an. Es blieb Zeit, die Menschen zum Glauben zu rufen. Der Evangelist Lukas versteht so auch unsere Zeit. Jesus geht seinen Weg zu den Menschen in der Kirche trotz ihres Unglaubens. Er verkündet den Gott der Armen, Unterdrückten und Blinden, und wo man ihn glaubend sein Werk tun läßt, beschenkt er, befreit er, heilt er. Der Geist, mit dem er gesalbt war, ist eine wirkliche Macht, die vieles in unserer Geschichte menschlicher, heller, wärmer gemacht hat. Das Geheimnis der Glaubensverweigerung, der Ablehnung Jesu soll uns nicht übersehen lassen, daß es auch einen Raum des Glaubens gibt, in dem der Auferstandene lebt und wirkt. Heute sind wir gerufen, diesen Raum zu bilden. Besonders jetzt, wenn Christus, der Gesalbte uns an seinen Tisch ruft, um sich uns mitzuteilen. Er ist selbst die Kraft gegen unseren Kleinglauben, gegen unseren Unglauben. Er kann uns eingehen lassen auf seine Botschaft und auf seinen Weg. Simeon sprach vom Zeichen, dem man widersprechen wird. Wenn uns der Geist die Augen des Herzens öffnet und wir in Brot und Wein seine uns mit Gott und untereinander versöhnende Liebe entdecken, werden wir diesem Zeichen nicht widersprechen, sondern es anbeten und empfangen.

5. Sonntag
Unsere Berufung

(Jes 6,1-2a.3-8; Lk 5,1-11)

Außergewöhnliche Berufungsgeschichten

Wir haben zwei ganz außergewöhnliche Berufungsgeschichten gehört. Wohl kaum jemand von uns wird eine ähnlich tiefgreifende und erschütternde Begegnung mit dem Dasein Gottes gemacht haben. Wohl kaum jemand von uns wird mit vergleichbarer Klarheit erfahren haben, wie Gott ihn oder sie in Dienst nehmen wollte für seinen Willen mit der Welt. Nicht zuletzt deshalb gibt es die Gefahr, Berufung ganz allgemein als etwas anzusehen, was nur einige wenige betrifft. Vermutlich verstehen nur wenige Christen ihr Christsein in dieser Weise als Indienstnahme durch Gott für die Welt.

Religiöses Verlangen nach Segen

Oft entspringt die Religiosität eher aus dem Verlangen, sich – vor allem in besonders hervorgehobenen Situationen – von einem Gott segnen zu lassen. Dieses Verlangen begegnet uns in allen Religionen, und es ist auch ein grundsätzlich berechtigtes Verlangen. Wenn ein Mensch die Erfahrung macht, wie schwach und ohnmächtig er mitunter ist, kann er den Schutz und die Hilfe einer stärkeren Macht, der Macht Gottes, suchen. In diesem Sinn bitten z. B. manche Brautpaare um die kirchliche Trauung. Die eheliche Bindung ist eine bedrohte Wirklichkeit, die sie gerne unter den schützenden Schild Gottes stellen möchten. So berechtigt es ist, daß wir Schutz und Segen Gottes suchen – auch aus dieser Feier werden wir mit einem Segen entlassen -, so nahe kann der Mißbrauch dieser Art von Religion liegen. Es kann dazu kommen, daß Menschen Gott vor allem oder ausschließlich für ihre Interessen verfügbar machen wollen. So kann es z.B. sein, daß Brautpaare zwar den Segen Gottes wollen, aber sich der Frage verschließen, was Gott wohl mit ihnen als in der Ehe verbundenen Menschen will für Menschen um sie herum.

Glaube als Antwort auf Berufung

In der Geschichte Gottes mit den Menschen, in der wir leben, geht es nicht zuerst darum, daß wir Gott bitten, uns unseren Willen zu erfüllen.

Es ist umgekehrt: Gott fordert Menschen auf, sich ihm für seinen Willen für die Welt zur Verfügung zu stellen. So rief er Abraham auf den Weg. So nahm er Moses in Dienst. So fragte er Jesaja, und diese Frage wurde vom Propheten als Ruf in die Sendung verstanden und beantwortet. So hörten wir, wie Jesus nach Petrus griff. Glaube ist in der Bibel eine Antwort auf Gottes Berufung. So sehr wir im Vertrauen auf Gottes Güte ihm bittend unsere berechtigten Lebensanliegen hinhalten dürfen und sogar sollen, so ergänzungsbedürftig bleibt diese Bewegung durch das Hören auf seine Stimme, was ER wohl mit uns will, um in der Welt der Menschen heilend und aufrichtend, stärkend und versöhnend wirksam zu werden. Dafür braucht Gott ja Menschen; denn durch sie handelt er in der Welt.

Berufungserfahrung

Nur wenige Menschen machen die Erfahrung, daß Gott nach ihnen ruft, in der dramatischen Klarheit, wie wir es in Lesung und Evangelium hörten. Wir werden aber mit allen Menschen die Erfahrung teilen, daß in uns ein Drängen lebendig wird, für etwas bzw. für jemanden dazusein. Da kann in uns eine Art Stimme stark werden: Das möchte, soll, will ich für andere sein; für dieses möchte, soll, will ich mich einsetzen. So vertreten Jugendliche ihre Ideale, und auch wir kennen diese Erfahrung, auch wenn wir unsere Ideale vielleicht nicht mehr so heftig vertreten. Im Grunde unseres Herzens bleibt das Verlangen, für etwas bzw. für jemanden dazusein.

Für Glaubende wird in diesem Verlangen deutlich: Gott will mich; er braucht mich; für ihn und in seinem Namen möchte ich, soll ich, will ich für dieses Anliegen, für diese Menschen verfügbar sein oder werden. Dann können Entscheidungen ähnlich wie die bei Petrus getroffen werden als Antwort »auf dein Wort hin«. Vielleicht kennen wir dann sogar die Erfahrung, daß Gottes Stimme uns in Wege oder Aufgaben ruft, auf die wir uns allein aus vernünftiger Berechnung nicht einlassen würden. So gehört wohl zum Eingehen einer ehelichen Bindung ein Drängen des Herzens, das mehr ist als vernünftige Berechnung. Ähnlich wird es bei der Annahme eines Kindes sein. Es wird so sein, wenn wir Gottes Freundlichkeit in einen Betrieb tragen wollen oder wenn wir durch Güte und Barmherzigkeit an einem Klima mitwirken, in dem gerade das schwache Leben Raum bekommt und aufatmen kann, oder wenn wir Schritte zur größeren Gerechtigkeit unter den Menschen – etwa im Eine-Welt-Laden – tun. Da handeln wir nicht nach der Vorausberechnung von Erfolgen, sondern »auf sein Wort hin«, d.h. auf das Verlangen hin, das er uns ins Herz gab.

Wenn wir solche Erfahrungen haben, dann ist uns auch vertraut, daß Berufung uns nicht belasten will. Es kann zwar Last damit verbunden sein – evtl. sogar Kreuzeslast; aber durch unsere Berufung bekommt unser Leben seinen Wert und seine Würde. Wir möchten ja für etwas, für jemanden da sein; es ist ein besonderes Geschenk, von Gott her und in seinem Namen jemand sein zu sollen für die Menschen.

Unsere Reinigung und Befähigung für unsere Berufung

So beten wir im Hochgebet: »Wir danken dir, daß du uns berufen hast, vor dir zu stehen und dir zu dienen.« D. h.: Wir danken dir, daß wir von dir den Lebensauftrag haben, deine Freundlichkeit unter die Menschen zu tragen, den Armen, Kranken und Bedrängten deine Nähe zu bezeugen, der Versöhnung und der größeren Gerechtigkeit unter den Menschen zu dienen. Daß wir nach Gottes Willen dafür da sein sollen, ist gut und dankenswert. Dafür gereinigt und befähigt werden wir ähnlich und zugleich anders als Jesaja. Uns wird in dieser Feier erneut der Heilige Geist ins Herz gegeben. Es ist der Geist Christi, durch den wir Christen sind und werden. Er reinigt und befähigt uns in all unserer menschlichen Schwachheit und Gebrochenheit zu unserer Berufung, Zeichen und Werkzeug der Versöhnung der Menschen untereinander und mit Gott zu sein.

6. Sonntag
Die zwei Seiten
(Lk 6,17.20-26)

Keine unkritische Freude

Es gibt wohl keinen Abschnitt des Evangeliums, der so, wie wir es eben hörten, deutlich macht, daß Jesus nicht einfach eine unkritische Freude für alle verkündete. Noch unausweichlicher als in den Seligpreisungen des Matthäusevangeliums wird beim Evangelisten Lukas durch die Wehe-Rufe, daß die nach der einen Seite ausgerufene Freude zur anderen Seite hin falsches Leben aufdeckt. Bei Lukas wird zudem deutlich, daß es nicht um Armut der Gesinnung vor Gott geht, sondern um wirkliche Armut, um täglich drohenden und erlittenen Hunger, um Klagen und Weinen, um Menschen, die ausgeschlossen und verachtet werden. Sie sind auf der einen Seite, und sie sollen in Jesus erfahren, wie der wahre und lebendige Gott an ihrem Leben zutiefst interessiert ist. Er will ihnen Raum, Brot, Trost, Annahme und Ansehen gewähren. Darum gratuliert Jesus den Menschen dieser Seite, denen, die im Schatten leben, deren Lebensverlangen übersehen und übergangen wird. Es wird sich zeigen, auf welch brüchigem Boden das Leben derer ruht, die sich in ihrem Reichtum selber zu sichern und zu trösten suchen, die sich ihres mehr als guten Anteils an Lebensmöglichkeiten erfreuen und in ihren Positionen Achtung und Anerkennung genießen.

Auf der Seite des Wohlstands

Uns muß diese Botschaft gleich auf doppelte Weise verunsichern, wenn nicht sogar erschrecken. Wir leben in einem der Länder, die mit Recht die »reichen Industrienationen« genannt werden. Andere Teile der Menschheit leben in Armut oder gar im Elend. Und auch innerhalb unserer Gesellschaft gehören die Christen, die sich als Kirche versammeln, eher zu denen, die teilhaben am Wohlstand, als zu denen, die arm und ohne berufliche und persönliche Perspektiven leben. Wir haben uns unsere Seite nicht ausgesucht; aber die meisten von uns leben auf der Seite, der das »Weh euch« zugerufen wird. Damit kann es uns nicht so ohne weiteres gut gehen. Wenn es uns unruhig macht, dürfen wir uns nicht zu schnell beruhigen, sondern müssen sehen, wie uns diese Unruhe helfen kann.

Sich mit den Armen mitfreuen

Ich dachte beim Bedenken des Evangeliums daran, wie ich in einer Gemeinde heute zu predigen hätte, die sich in der Hoffnunglosigkeit eines Slums oder am Rande von Müllbergen, von denen sie leben, zusammenfindet, in einer Gemeinde von hungernden, arbeitslosen, kranken, ausgegrenzten Menschen. Ihnen hätte ich zuzusagen, daß Gott an ihrem Leben, ihrer Sättigung und Tröstung, an ihrer Würde und Freude liegt. Und zwar nicht erst in Zukunft, sondern hier und heute beginnend. Sie sollen wissen, daß in Jesus eine Umkehrung der Verhältnisse bereits angefangen hat. Die Zukunft gehört schon hier und heute diesen Armen. Sie gehört nicht denen, die die Armen so gekonnt aus ihren Wohlstandsinseln ausschließen. In unserem Evangelium ist eine innere Bewegung wichtig: daß wir uns jetzt in dieser unserer Feier mit Schwestern und Brüdern verbinden, denen in ihrer Armut der Trost Gottes mit Vollmacht zugesagt wird. Wir können anfangen, uns mit ihnen am Evangelium unseres Sonntags zu freuen. In uns kann ein »Ja« wachsen dazu, daß Gott entschieden das Leben und die Freude der vielen will, von denen wir wissen, daß sie unter den herrschenden Verhältnissen nicht zu ihrem Leben kommen und keinen Grund zur Freude finden. Eine erste Chance für uns, die wir nicht arm sind, liegt darin, uns mit den Armen am Gott der Seligpreisungen zu freuen. So können wir einen Schritt auf ihre Seite tun. Es ist wohl so, daß es heute und in Ewigkeit gar keine andere Freude an Gott gibt als die Freude daran, wie reich und alle Tränen trocknend seine Antwort auf das von den Reichen nicht gehörte Lebensverlangen der Armen ist.

Die tödliche Kluft überwinden

Diese Solidarität mit der Freude der Armen kann sich uns nur wirklich öffnen in der vorhergehenden Solidarität mit ihrer Not. Damit öffnet sich dann der Weg aus tödlichem Reichtum, Sattsein, Vergnügen, Angeberei. Das »Weh euch« Jesu gilt einem Leben mit dem Rücken zu den Armen oder sogar auf deren Kosten. Wir leben im Tod, wo wir eine Kluft zulassen und sogar noch wachsen lassen zwischen denen, die genug und mehr als genug haben, und denen, denen es am Notwendigen oder sogar Notwendigsten fehlt. Wir können nichts dafür, wenn wir im Wohlstand leben. Deswegen gilt uns auch nicht das »Weh euch« einfach aufgrund unserer Situation. Aber es liegt bei uns, ob wir uns im

Wohlstand die Armut anderer etwas angehen lassen, ob wir uns nicht nur mit den Frohen mitfreuen, sondern auch mit den Trauernden traurig sind und mitweinen können, ob wir als Satte mit den Hungernden empfinden und teilen, wie wir uns aus dem Wettlauf um Prestige und Image heraushalten und unsere eigene Würde und die der Opfer unserer Gesellschaft darin gründen, daß Gott uns mit Liebe ein Ansehen schenkt. Wir sind auf der falschen Seite, wenn wir auf der Seite der Reichen ohne die Armen, auf der Seite der Lachenden ohne die Weinenden, auf der Seite der Satten ohne die Hungernden, auf der Seite der Angesehenen ohne die Übersehenen sind. Davor warnt uns das »Weh euch«.

Mit den Armen feiern

Die innere Gemeinschaft mit den Armen, Hungernden, Trauernden und Verachteten drängt zu einer Praxis des Teilens. Sie muß Folgen haben auf unseren Tagesordnungen und in unserem Lebensstil. Dazu werden wir uns gegenseitig noch mehr helfen müssen. Hier in unserer Feier soll dafür unser Vertrauen auf Gott gestärkt werden. Von neuem ist uns der Geist Gottes als uns treibende Kraft verheißen. Der Herr ruft uns an seinen Tisch nicht ohne die Armen. Wir feiern unsere Eucharistie nicht nur unter uns, sondern in der Gemeinschaft mit ungezählten Schwestern und Brüdern auf dem Erdenrund, mit ungezählten Schwestern und Brüdern auf der Seite bedrängender Not. Mit ihnen dürfen wir feiern und teilen die Liebe, mit der Gott das Leben aller will, auch und gerade das Leben derer, deren Leben bei den Menschen wenig oder nichts gilt.

7. Sonntag
Anders als die Sünder
(Lk 6, 27-38)

Wer sind die Sünder?

Jesus will, daß die, die ihm zuhören, anders handeln als die Sünder. Wenn man näher hinschaut, was von den Sündern gesagt wird, sind das keine so schlechten Leute. Es sind eher normale Menschen. Es sind solche, die die lieben, von denen sie geliebt werden, und denen Gutes tun, die ihnen Gutes tun. Sie leihen an die aus, von denen sie erwarten, daß sie das Geliehene zurückerhalten. Das ist doch normal. Wieso sind die, die so handeln, Sünder? Warum sollen die Zuhörer Jesu – heute also wir – anders handeln?

»Sünder« meint in unserem Evangelium nicht zuerst, daß Menschen unmoralisch handeln. Das Gegenwort zu »Sünder« in unserem Evangelium ist »Söhne (oder Töchter) des Höchsten«. Jesus gibt denen, die ihm zuhören, seinen Vater zum Vater. Sie werden mit Jesus Töchter und Söhne des Vaters. »Sünder« sind die, die noch nicht in Jesu Beziehung zu seinem Vater hineingefunden haben, denen der lebendige Gott darum noch fremd ist, die damit noch nicht zu ihrer vollen menschlichen Berufung finden können. Sie müssen nicht böse sein; aber sie leben noch nicht aus der Quelle, die sie ganz zur Entfaltung bringen könnte. Anders soll es bei denen sein, die Jesus zuhören. Ihnen öffnet er die Quelle. Sie werden mit Gott, dem Vater Jesu vertraut und werden aus dieser Vertrautheit anders leben. Wenn in sie eingedrungen ist, wie barmherzig ihr Vater ist, dessen Töchter und Söhne sie wurden, dann werden sie teilhaben an der Barmherzigkeit Gottes und anders leben als die »Sünder«. So wie Jesus aus seiner Einheit mit dem Vater heraus anders gelebt hat und den Menschen die Liebe Gottes, seines Vaters, zu erkennen gab.

Das verbindende Ideal der Menschlichkeit

Wir leben in einer Gesellschaft, in der wir mit vielen nicht nur normalen, sondern auch guten Menschen zu tun haben. Das die meisten verbindende Ideal ist die Menschlichkeit. Gemeint ist damit, daß man sich gegenseitig leben läßt, wohl auch freundlich und hilfsbereit ist, Rücksicht nimmt und eine Ordnung mitträgt, die auch den Armen und

Schwachen wenigstens ihren Lebensunterhalt sichert. In unsere Gesellschaft ist sicher vieles eingegangen, was durch das Evangelium neu in unsere Welt gekommen ist und in die vollere Menschlichkeit ruft. Aber auch wenn noch sehr viele getauft sind, dann leben sie doch weniger aus dem Bewußtsein, Töchter und Söhne Gottes zu sein, als aus einer allgemeinen Bejahung menschlichen Umgangs miteinander. Oft wird es auch uns selbst so gehen. Auch wenn wir Gottes barmherzige Liebe als den Grund unseres Lebens anerkennen und im Gedächtnis haben, sind wir – in der Sprache unseres Evangeliums – sowohl Sünder als auch Kinder des Höchsten. Wir können aus einer Verwurzelung in Gott handeln, wir können aber auch uns begnügen mit einem allgemeinen anständigen Menschsein. Wir Christen fallen nicht deutlich auf durch eine tiefer gründende und weiter entfaltete Menschlichkeit.

Die Feindesliebe als Grenze der Menschlichkeit

Nirgends wird das Ideal einer allgemeinen Menschlichkeit wohl so überboten wie bei der Feindesliebe. Damit die Aufforderung Jesu, die Feinde zu lieben, nicht auf spontane Ablehnung trifft, müssen wir klären, was hier »lieben« meint. In unserer Sprache verbinden wir mit dem Wort »lieben« eine besondere gefühlsmäßige Zuneigung. Diese dem Feind entgegenzubringen, wird uns innerlich unmöglich sein. Wir können Menschen, die uns feindlich begegnen, nicht mit herzlicher Sympathie entgegengehen. Schon bei der Nächstenliebe, die nicht durch Feindschaft belastet ist, kann nicht gemeint sein, daß wir allen uns begegnenden Menschen Wärme entgegen bringen. Liebe ist im Zusammenhang der Mahnung zur Nächsten- und Feindesliebe nicht etwas Gemüthaftes, das nur begrenzt unserem Willen verfügbar ist; es geht um etwas recht Nüchternes, um praktisches Verhalten.

Gutes tun, segnen, beten

Das Evangelium nennt konkret, was lieben meint, in drei Handlungen: Gutes tun, segnen, für einen Menschen beten. Das Gegenteil wäre: schädigen, verfluchen, sogar Gottes Unwillen herabrufen. Das gab und gibt es: den inneren Willen, den Feind zu vernichten, und die äußere Tat, die gegen das Leben des Feindes gerichtet ist. Feindesliebe meint, daß ich auch das Leben derer, die mir nicht lieb sind, achte und ihnen im Denken und Handeln Raum gebe. Damit wird die dunkelste Tiefe dessen, was Feindschaft meint, angegangen. Wo Menschen Feindschaft pflegen und schüren, geht es im Grunde darum, daß sie ihren Feinden das Lebensrecht absprechen. Feinde sind so negativ zu zeichnen, daß es nur noch die Freude an ihrer Vernichtung geben kann. An Feinden hat man nichts Gutes zu lassen, was noch einen Grund abgeben könnte, ihrem Leben zuzustimmen. Feindesliebe meint dagegen, daß auch der Feind in seinem Verlangen nach Leben wahrgenommen und geachtet wird.

Teilhaben an Gottes unbegrenztem Wohlwollen für alle, die er ins Leben rief

Die Feindesliebe, zu der Jesus die Seinen und damit heute uns aufruft, ist nicht zuerst eine moralische Forderung. Jesus will uns ermutigen, mit ihm an Gottes gutem Willen für alle teilzuhaben und so in Wahrheit als seine Töchter und Söhne zu leben. Wir können und sollen mit den Augen und mit dem Herzen Gottes sehen und fühlen, daß die Feinde Menschen sind und bleiben mit einem Verlangen nach versöhntem Leben, daß Gott nicht aufhört, sie zu lieben und ihnen Wege zu einem gelingenden Leben zu eröffnen. So soll die zerstörerische und Leben verachtende Macht der Feindschaft unter den Menschen überwunden werden.

Wir werden damit nicht überfordert, wenn wir Gottes Geist in uns wirken lassen und so unser Wohlwollen ausweiten über die oft so engen Grenzen derer hinaus, die uns wohlgesonnen sind. Wir dürfen in unserem Zusammenkommen und in dem Mahl, das uns vom Herrn bereitet ist, das Erbarmen Gottes teilen, damit wir – erneuert als Töchter und Söhne des Höchsten – nicht nur den uns wohlgesonnenen Nächsten, sondern auch denen, die nicht gut mit uns sind, Gutes tun, für sie beten und Gottes Liebe auf sie herabrufen. Nur der Geist kann uns geben, daß wir nicht nur Kinder Gottes heißen, sondern es in Wahrheit und d. h. in unserer Praxis sind.

8. Sonntag
Aus gutem Herzen handeln
(Lk 6, 39-45)

Kritik – ein Werk der Nächstenliebe

Den Splitter im Auge eines Menschen entfernen, ist zweifellos eine Tat der Liebe. Wer schon einmal einen Fremdkörper im Auge hatte, weiß, wie unangenehm das ist und wie befreit man sich fühlt, wenn er heraus ist. Wenn im Evangelium steht, daß das ein Mensch an seinem Bruder tut, verweist dies darauf, daß ein Liebesdienst in der christlichen Gemeinde gemeint ist. Die Gemeinde ist der Raum, in dem Gott uns Brüder und Schwestern gibt, damit wir einander gut sind und Gutes tun. Der mit dem Entfernen des Splitters im Auge gemeinte Dienst ist der der gegenseitigen Zurechtweisung. Bei diesem Dienst macht einer aus Liebe den anderen aufmerksam auf einen Fehler, eine Schwäche, einen Mangel an Liebe. Er zeigt ihm oder ihr, wo er oder sie hinter den eigenen menschlichen und christlichen Möglichkeiten zurückbleibt. Es ist ein Handeln, das wir heute Kritik nennen, nur eben eine Kritik, die ganz eindeutig aus Liebe zum Kritisierten, aus der Sorge um ihn erwächst, weil man ihn belastet, verwundet, krank, gefährdet sieht.

Auch wenn wir kaum in der Tradition geschwisterlicher Zurechtweisung leben, werden wir unsere Erfahrungen damit haben, wie leicht und schnell das, was wir Kritik nennen, lieblos werden kann. Das, was eigentlich aufrichten soll, kann erniedrigen; was heilen soll, kann verletzend wirken; was helfen soll, kann den anderen oder die andere eher belasten. Man muß schon sehr rein lieben, wenn man Kritik so üben will, daß sie zum Dienst am anderen wird.

Geheuchelte Nächstenliebe

In orientalischer und wohl etwas humorig gemeinter Übertreibung läßt Jesus einen, der selber einen Balken im Auge hat, sich anscheinend mitleidig über seinen Bruder mit einem Splitter im Auge neigen: Du armer Kerl; wie muß dich dieser Splitter doch stören; laß mich den aus deinem Auge entfernen! Jesus geht damit nicht gegen die Nächstenliebe in der Form gegenseitiger Zurechtweisung an, sondern dagegen, wie sie praktiziert wird, nämlich nicht aus Sympathie, sondern geradezu in der

Freude, etwas finden zu können, was beim anderen nicht stimmt und in Ordnung gebracht werden muß; nicht um eine Wunde zu heilen, sondern um auf die Wunde zu verweisen. Die Lieblosigkeit wird darin offenbar, daß der hier Handelnde seinen eigenen Defiziten gegenüber unempfindlich ist, mit ausgeprägter Sensibilität aber wahrnimmt, wo er dem Bruder oder der Schwester – wie wir sagen – am Zeug flicken kann. Das benennt Jesus offen als Heuchelei.

Alle Nächstenliebe braucht ein gutes Herz

Es geht in dem Wort Jesu also um einen Dienst der Nächstenliebe, der dadurch, daß er nicht mit reinem Herzen getan wird, verdorben wird. Diese Gefahr liegt bei der gegenseitigen Kritik besonders nahe. Doch ist jeder Dienst der Nächstenliebe davon bedroht, den Nächsten eher zu erniedrigen als aufzurichten. Wo jemand dem Bruder oder der Schwester nicht aus gutem Herzen hilft, da kann seine Hilfe zur Belästigung oder sogar zur Last werden. Wo man dem anderen z. B. nicht wohlmeinend zuhört, wird das Zuhören zum Aushorchen. Sogar das Trösten kann bedroht sein, wo es nicht aus aufrichtigem Mitempfinden erwächst. Wir könnten mit Beispielen fortfahren.

Damit sind wir bei den Sprüchen, die Lukas im Evangelium anfügt:»Es gibt keinen guten Baum, der schlechte Früchte hervorbringt, noch einen schlechten Baum, der gute Früchte hervorbringt ... Von den Disteln pflückt man keine Feigen, und vom Dornstrauch erntet man keine Trauben.« Das heißt in unserem Zusammenhang: Ein Mensch, der nicht gut ist, ist auch nicht fähig zu einem guten Werk. Wer nicht liebt, kann den Bruder oder die Schwester nicht wohltuend zurechtweisen. Da kann einer oder kann eine alle möglichen Werke der Nächstenliebe tun, sie geraten ihm oder ihr nicht, sondern sind Heuchelei, wo sie nicht aus innerer Güte kommen. Das sagen dann auch die weiteren Sprüche im Evangelium:»Ein guter Mensch bringt Gutes hervor, weil in seinem Herzen Gutes ist; und ein böser Mensch bringt Böses hervor, weil in seinem Herzen Böses ist. Wovon das Herz voll ist, davon spricht der Mund.« Nur wo unser Herz voll ist von aufrichtiger Zuneigung zum Nächsten, kann es das sagen und tun, was wirklich gut ist und gut tut. Darauf aber kommt es nach dem Gesamtzusammenhang der Feldrede Jesu bei Lukas an, aus der unser Evangelium ein Teil ist. Die gute Vaterherrschaft Gottes soll auf unserer Erde dadurch anbrechen, daß Menschen aus der Güte heraus miteinander umgehen, die sie von Gott erfahren.

An Gottes Güte gut werden

Das ist also immer wieder das, woran alles hängt: daß wir aus der Erfahrung des Wohlwollens Gottes mit uns zum Nächsten gehen können. Wohlwollen mit dem Nächsten läßt sich ebensowenig befehlen wie ich einem anderen einfach sagen kann, er habe ein guter Baum zu sein. Wohl können wir uns versammeln und wie hier uns miteinander dem Geist öffnen, der uns reinigt für eine helfende und heilende gegenseitige Kritik und die vielen anderen Dienste, mit denen wir einander beistehen und begleiten können. Aus der Kommunion mit dem, dessen Worte dem Leben aufhelfen und es in seine Fülle rufen, können wir zu den Worten und Taten füreinander kommen, in denen wir uns gegenseitig in unserer Berufung als Christen fördern.

9. Sonntag
Im Glauben der heilenden Macht Jesu Raum geben
(Lk 7,1-10)

Glaube an das Machtwort Jesu

Auch wenn wir keine unmittelbare Berührung mit militärischen Sitten haben, können wir uns gut vorstellen, wovon der Hauptmann spricht. Er hat Leute unter sich. Wenn er einen Befehlt erteilt, gehorchen die ihm Unterstellten. Darauf kann er sich verlassen. Darauf muß er sich verlassen können; sonst funktioniert der Machtapparat nicht. Fremd ist uns wohl zuerst, wie der Hauptmann seine Erfahrung auf Jesus überträgt. Er sieht Jesus in vergleichbarer Position. Ihm sind Mächte, die gegen das Leben der Menschen wirken – und dazu gehören Krankheitsmächte -, unterstellt. Es genügt ein Wort von ihm, und sie werden ihm gehorchen. Darum muß sich Jesus nicht erst in das Haus des Hauptmanns bemühen, um möglicherweise einen angestrengten Ritus zu vollziehen, wie man das sonst damals von Heilern erwartete. Aus Bescheidenheit und Zurückhaltung will der Hauptmann den geringsten Aufwand: Sprich nur ein Wort. Das wird genügen, das eine Machtwort.

Krankheit als Unheilsmacht

Krankheit als eine Art Dämon zu denken, der auf das Machtwort eines Vorgesetzten hin den Menschen verläßt, ist uns fremd. Die großen und oft rettenden Möglichkeiten moderner Medizin beruhen auf der nüchternen Erforschung von Krankheitsursachen, um diese gezielt bekämpfen zu können und dadurch zu heilen. Da ist kein Krankheitsdämon, und da hilft auch nicht eine Machtwort. Dennoch ist auch für uns Krankheit nicht einfach erklärt. Viele Krankheiten haben ihre Unheimlichkeit nicht ganz verloren, sie können sie sogar im Fortschritt unserer Erkenntnisse wiedergewinnen. Risikofaktoren machen noch nicht alles berechenbar. Immer wieder gibt es bei den Verläufen von Krankheiten Überraschungen – im Guten wie im Bösen. Wo der Mensch als Ganzer betrachtet wird, kommen heilende und krankmachende Kräfte neu in den Blick, die sich naturwissenschaftlichem Zugriff entziehen. Krankheit ist nicht nur eine Störung im physiologischen Funktionszusammenhang, sie ist auch eine tiefe menschliche Not. Sie ist beängstigend und bedrängend. Von daher ist uns vielleicht gar nicht so ganz fremd, Krankheit als einen Feind zu denken, den es zu bekämpfen gilt.

Jesu Wirken in der Kraft Gottes

Aus solchem Denken heraus muß der Hauptmann von Jesus gehört haben. Man sprach darüber, wie Jesus den neuen, heilenden und aufrichtenden Einbruch Gottes in die Welt verkündete. Man sprach darüber, daß es nicht nur leere Worte waren. Tatsächlich bekam die heilende und aufrichtende Kraft Gottes Macht über die Menschen. Und zwar anders als bei den damals verbreitet auftretenden Heilern. Jesus berief sich nicht auf ihm eigene geheimnisvolle Heilungskräfte, vollzog nicht komplizierte Beschwörungen. Er sprach von Gott, seinem Vater, der das Leben der Menschen retten und heilen will, und rief zum Glauben an diesen in ihm neu nahegekommenen Gott auf. Wo Menschen sich dem im Glauben öffneten, wirkte dies heilend. Jesus hatte für sie nicht irgendeine neue Lehre, sondern eine Lehre, die eine reale Macht war. Davon hatte der Hauptmann gehört. Als Heide hatte er etwas für die Juden übrig. Sogar die Synagoge hatte er ihnen gebaut. So war ihm der Glaube der Juden an eine rettende Macht ihres Gottes nicht fern geblieben. In der notvollen Sorge um den ihm lieb gewordenen Knecht erreichte ihn das Gespräch über Jesus, über seine Botschaft und sein Wirken. Dies weckte in ihm Glauben, Glauben an die machtvolle Nähe des Gottes der Juden in Jesus. Er glaubte an Jesus als den, dem der Gott der Juden die Vollmacht gegeben hat, Leben zu retten.

Das Staunen Jesu

Jesus staunte über diesen Glauben. So einen Glauben hatte er in Israel, das doch Jahrhunderte der Glaubensschule hinter sich hatte, nicht gefunden. Und dieser Glaube öffnete dem Nahekommen Gottes Tür und Tor. Nicht einmal das Machtwort muß Jesus sprechen. Jedenfalls erzählt das Evangelium davon nichts. Es wird nur die Heilung des Knechtes festgestellt. Es ist eine der Erzählungen, wo nicht der Glaube der Kranken diese rettet, sondern der Glaube von Fürbittenden. Durch den Glauben des Hauptmanns geschieht auf unserer Erde, was Gott will: Ein Mensch wird aus dem Tod herausgeholt.

Glaubenserfahrungen von Heidenchristen

Der Evangelist Lukas schrieb für eine Gemeinde, die überwiegend aus Heidenchristen bestand. Er schrieb nicht gegen die Juden; denn es war ja der Glaube jüdischer Apostel, dem die Heidenchristen ihren Glauben an Jesus verdankten. Aber Lukas schrieb doch aus der Erfahrung, daß durch den Glauben der Heiden das machtvolle Handeln des von Jesus verkündeten Gottes die Grenzen des Judentums überschritten hat. Im Staunen Jesu über den Glauben des Hauptmanns erkannten Lukas und seine Gemeinde etwas wieder von dem Staunen über das Geschenk des eigenen Glaubens. Vor allem erkannten sie im geheilten Knecht etwas davon wieder, wie sie selbst durch Jesus in ihrem Menschsein aufgerichtet und erneuert wurden. Nicht mehr nur um den Jesus der Erdentage ging es dabei. Es leuchtet auch schon etwas davon auf, wie der, der im liebenden Gehorsam in unseren Tod ging, in seiner Auferweckung zum Befehlshaber über den Tod eingesetzt wird.

Im Wirkraum des Herrn über lebensfeindliche Mächte

Heute wird das Evangelium in unserer Versammlung gelesen und gehört. Es kann und soll uns ermutigen, hier und heute dem Auferstandenen im Glauben Tür und Tor für sein machtvolles Wirken zu öffnen. Es hat sich eine eigenartige Gegenwehr gegen die Anrede Jesu als »Herr« verbreitet. Sie beruht vielleicht auf dem Mißverständnis, daß er als Herr unsere freiheitliche Würde bedrohen könnte. Das Gegenteil stimmt. Jesus ist zuerst der Herr über alle die Mächte, die unser Leben bedrohen und beengen. Dazu kann Krankheit gehören. Dazu gehören auch Mutlosigkeit und Unversöhnlichkeit, Neid und Mißgunst, Lieblosigkeit und Verachtung des Nächsten, Feindschaft und Rivalität. Die Mächte sind stark, die uns von einem Miteinander und Füreinander abdrängen. Sie brauchen einen Herrn, der stärker ist. Und es braucht Glauben, der diesem Herrn den Raum öffnet für sein heilendes Wirken. Das ist unsere christliche Berufung. Wir haben sie empfangen auch für die anderen mit. Das Evangelium erzählt ja von einem stellvertretenden, fürbittenden Glauben, der Gott Macht gibt über alle Not, die dieser Glaube vor ihn trägt.

»Sprich nur ein Wort!«

Der Glaube des Hauptmanns wird in jeder Eucharistiefeier in Erinnerung gerufen, bevor wir zum Tisch des Herrn herantreten. Wir vertrauen auf das Machtwort des Herrn, daß er sich in uns den Raum für sein heilendes und helfendes Dasein schafft. Nicht wir können uns für Gott bereiten. Dazu hat nur er die Macht. Unser Glaube kann uns für sein Wirken öffnen.

10. Sonntag im Jahreskreis
Er sah und hatte Mitleid
(Lk 7,11-17)

Das Verlangen, gesehen zu werden

Für Kinder ist es ganz wichtig, daß sie gesehen werden. Nicht ein kontrollierendes Sehen ist hier gemeint. Davor verstecken sie sich. Vor dem disziplinierenden Auge, das alles sieht, fürchten sie sich. Ganz anders ist es, wenn Interesse und Verständnis zu finden sind. Wenn ein vertrauter Besuch kommt, müssen sie zeigen, was ihnen wichtig ist. Ist ihnen etwas gelungen, wollen sie, daß Vater oder Mutter es ansehen. Noch wichtiger ist für sie das Gesehen-Werden, wenn sie in Not sind. Was sie schmerzt, müssen sie zeigen. Wenn es von Vater oder Mutter mitleidend gesehen wird, ist es oft schon wieder gut. Das Grundverlangen, mit dem, was uns froh oder traurig macht, nicht allein zu bleiben, sondern es einem uns wichtigen Menschen zeigen zu können, bleibt auch uns Erwachsenen. Darum erzählen Menschen einander von ihren Freuden und Nöten. Es hilft, wenn andere teilnehmend sehen, was uns bewegt.

Das Sehen Jesu

In der Erzählung unseres heutigen Evangeliums wird der Schlüssel zum Geschehen in folgendem Satz gegeben:»Als der Herr die Frau sah, hatte er Mitleid mit ihr.« Das Elend der ihm vorher unbekannten Frau kam Jesus in diesem Sehen unmittelbar nahe. Es entstand Gemeinschaft zwischen der trauernden Witwe und Jesus. Ihr Leid wurde sein Leid. Wir werden im Lukas-Evangelium einem solchen Sehen, das Mitleid bewirkt, wiederbegegnen in der Erzählung vom barmherzigen Samariter. Da wird von den beiden, die – wohl vom Tempeldienst kommend – an dem zusammengeschlagenen Reisenden vorüberkamen, gesagt:»Er sah ihn und ging weiter.« Vom Samariter wird erzählt:»Als er ihn sah, hatte er Mitleid.« (Lk 10, 31-33) Jesus geht nicht vorüber. Sein Mitleid hält ihn fest und läßt ihn handeln. Die Erweckung des jungen Mannes gründet darin, daß er gesehen hat und von der Not der trauernden Mutter bewegt wurde.

Das Sehen Jahwes

Der Evangelist Lukas schrieb für Leser, denen die Schrift vertraut war. Sie werden bei diesem Sehen Jesu wahrscheinlich an eine für Israel ganz wichtige Erzählung gedacht haben, an Gottes Anfang mit seinem Volk in der Befreiung aus Ägypten. Diese Befreiung kündigt Jahwe – so benennt Gott sich selbst als der, der helfend und rettend da ist und dasein wird – in der Begegnung mit Mose an. Auch da gründet das Handeln Jahwes in einem Sehen. Jahwe spricht zu Mose: »Ich habe das Elend meines Volkes in Ägypten gesehen, und ihre laute Klage über ihre Antreiber habe ich gehört. Ich kenne ihr Leid. Ich bin herabgestiegen, um sie der Hand der Ägypter zu entreißen und sie herauszuführen in ein schönes, weites Land.« (Ex 3, 7-8) Das war für Israels Gottesbeziehung grundlegend: der Glaube an den Gott, der sieht. Vor Jahwe bleibt keine Not ungesehen. Die Zusage »Ich kenne deine Not« bestimmt das Verhältnis zwischen Gott und Israel. Es ist wie das Verhältnis zwischen Eltern und Kindern, wenn die Kinder sicher sind, daß ihre Eltern sehen und verstehen, was mit ihnen ist.

In Jesus sieht der Vater die Not

Lukas ist bei der Begegnung Jesu mit der trauernden Mutter nicht nur das Sehen Jesu wichtig. Jesus bezeugt in seinem Handeln und Verkünden seinen Gott und Vater. In seinem menschlichen Sehen und Mitleiden lebt das Sehen und Mitleiden Gottes. Dies offenbart die Erweckung des jungen Mannes. Aus der Einheit mit dem Sehen und Mitleiden des Vaters heraus spricht Jesus das Machtwort: »Ich befehle dir, junger Mann: Steh auf!« Das ist kein Menschenwort. Hier tut Jesus, was der Hauptmann von Kapharnaum ihm zutraute: daß er im Namen des Herrn über Leben und Tod befehlen kann. Wo sich Macht über Leben und Tod zeigt, muß Menschen – wie im Evangelium – Furcht ergreifen. Wichtiger noch ist, was die Beobachter der Szene folgern: »Gott hat sich seines Volkes angenommen.« Jesus zeigt Gottes Sehen. Er zeigt, wie der Vater nicht ungerührt in seiner Höhe lebt. Er zeigt das Mitleid im Herzen Jahwes. Nicht nur am Anfang der Geschichte Israels mit seinem Gott steht, daß Gott die Not des Volkes sah. Jesus ist das menschgewordene Sehen und Mitleiden Gottes mit seinem Volk und mit aller Not der Menschen. Der Satz: »Als Jesus die Frau sah, hatte er Mitleid mit ihr«, zeichnet ein Gottesbild, Gottes Bild in Jesus.

Wir und unsere Welt werden gesehen. Wenn wir glaubend die Erzählung unseres heutigen Evangeliums hören, sollen wir gewiß werden, daß wir selbst und alles, was auf unserer Erde geschieht, angesehen wird von einem Gott, der Anteil nimmt. Wenn wir Jesus seine Botschaft glauben, dürfen wir in dem Bewußtsein leben, als Menschen mit unserer Geschichte nicht allein zu sein. Eine Bewegung des Glaubens ist dann, daß wir uns mit unserer Freude und Not und mit der Freude und Not der Mitmenschen Gott, unserem Vater, zeigen. Glauben meint: vor Gott leben. Und das heißt: in der Gewißheit leben, von ihm mit einem teilnehmenden Herzen gesehen zu werden. Mit seinem Sehen kennt und versteht uns Gott, unser Vater, tiefer und gütiger, als wir selbst dies können. Es kann schon eine große Hilfe sein, in der Gewißheit von Gottes Mitleid – und auch Mitfreude – leben zu dürfen. Dabei ist nicht nur an uns selbst zu denken, sondern auch an alle Freude und Not der Mitmenschen. Viel sehen wir davon in unseren modernen Medien. Wir sind mit einem Sehen, das an allem, was uns da gezeigt wird, Anteil nimmt, überfordert. Vieles können wir nur als Nachrichten zur Kenntnis nehmen, ohne uns davon tief betreffen zu lassen. Glaubend dürfen wir darauf vertrauen, daß bei Gott nichts ungesehen bleibt. Unsere Fürbitte kann Gott alles zeigen, weil nur er davon nicht überfordert wird.

Der Tag des Machtwortes Gottes über den Tod

Am Sonntag vergewissern wir uns nicht nur des teilnehmenden Sehens Gottes. Wir feiern sein Machtwort über den Tod. Der Befehl Jesu, der den jungen Mann neu ins Leben rief, ließ etwas von dem aufleuchten, was das Mitleid Gottes bewirken will. Gott, der in Jesus herabgekommen ist, sieht und kennt das Verlangen seiner Menschen nach Leben und Freude, und er hat seine tröstende und erfüllende Antwort darauf. Er hat mit dieser Antwort angefangen in der Auferweckung Jesu. In ihr ist uns aufgeleuchtet, daß der Tod, der in seinen vielfältigen Formen so viel Leid zufügt, keine letzte Macht hat. Das Mitleid Gottes ist stärker. Das ist die Hoffnung, in der wir glaubend leben dürfen und die wir danksagend feiern.

11. Sonntag
»Geh in Frieden!«
(Lk 7,36 – 8,3)

Zwei Sichtweisen einer Szene

Die Szene, die der Evangelist Lukas uns im Evangelium kurz und doch in lebendiger Anschaulichkeit zeichnet, wird vom gastgebenden Pharisäer ganz anders gesehen als von seinem Gast Jesus. Der Gastgeber sieht, wie sich eine in der Stadt bekannte Dirne frech in die anständige Gesellschaft seines Hauses drängt und sich dort anstößig benimmt, indem sie ihre Haare auflöst und einen seiner Gäste mit ihrer Zudringlichkeit berührt. Sie steckt dadurch die Gesellschaft und in besonderer Weise Jesus mit ihrer Unreinheit an. Jesus sieht den gleichen Vorgang offenbar ganz anders. Er sieht, wie eine Frau in der Not ihres mißbrauchten Lebens durch das, was sie von Jesus hörte, eine Chance sieht, aus der Sackgasse ihrer von ihr selbst und anderen verachteten Existenz herauszukommen. Jesus sieht, wie ein Mensch über sich weint und zugleich seine Nähe sucht, um daran rein zu werden. Er sieht sich nicht belästigt, sondern verehrt und geliebt. Der Pharisäer ist empört, Jesus ist gerührt. Würde die Frau sich dem Pharisäer nähern, so würde dieser sie mit eindeutigen Gesten verscheuchen. Jesus läßt sich den Liebesdienst der Frau an seinen Füßen gefallen.

Die Verdächtigung Jesu

In der Sicht des Pharisäers gerät Jesus dadurch in den Verdacht, daß etwas mit seinem Ruf als Prophet nicht stimmt. Er müßte sonst wissen, daß die Frau unrein ist, und er müßte sich hüten, durch ihre Berührung selber unrein zu werden. Prophet ist ein Mensch, der verläßlich von Gott und seinem Willen mit den Menschen redet. Der Pharisäer wollte wohl mit seiner Einladung Jesu klären, wie es mit dessen prophetischer Begabung stand. Was der Pharisäer sah, sprach dagegen, daß Jesus ein echter Prophet war. Nach allem, was der Pharisäer von Gott gelernt hatte, konnte sich ein Prophet seines Gottes nicht benehmen wie Jesus. Eben darum aber geht es dem Evangelisten Lukas, daß Jesus der Prophet ist, der Gottes Willen offenlegt. Jesus liest die Gedanken seines Gastgebers und versucht, ihm mit einer Parabel zu helfen, das Verhalten der Frau und seine Botschaft von Gott zu verstehen. Dem Pharisäer wird ein Sichtwechsel zugemutet.

Was ist der Wille Gottes?

Im Denken des Pharisäers ist der Wille Gottes die Trennung von rein und unrein. Gott wohlgefällig leben, also so leben, daß Gott dazu sein Ja sagen kann, bedeutete für ihn, sich von allem fernhalten, was mit Sünde, mit verfehltem Leben zu tun hat. Jesus dachte anders von Gott, und er wollte dem Pharisäer helfen, neu von Gott zu denken. Mit den Augen des wahren Gottes sollte der Pharisäer sehen lernen, wie in der Frau ein Mensch um sein verfehltes Leben weint und schon im Vorgriff auf das Geschenk der Vergebung mit überschwänglicher Liebe antwortet. Da geschieht Geschichte zwischen Gott und den Menschen. Gott liegt nicht an einer geordneten Aufteilung der Menschen nach Gerechten und Sündern. Ihm liegt daran, daß alle zu ihrem Leben kommen. Darum erläßt er ihnen ihre Schuld. Die Sünderin wird zum Vorbild für den Pharisäer. Der Pharisäer lebt zwar tadellos – das ist vorausgesetzt –, aber die Sünderin, der ihr Leben geschenkt werden soll, liebt. Sie ist lebendiger als der Pharisäer. Sie hat in Jesus mehr von Gott erfahren als der Pharisäer in all seinen Studien. Sie ist neugeboren.

Mehr als ein Prophet

Jesus belehrt nicht nur den Pharisäer. Er tut dazu etwas ganz Unerhörtes. Er sagt der Frau die Vergebung zu. Er nimmt damit nicht nur in Anspruch, Gottes Willen zuverlässiger zu zeigen als es in den Schulen der Pharisäer geschah. Er handelt sogar im Namen Gottes; denn einem Menschen die Sünden vergeben meint: ihm im Namen des lebendigen Gottes mit Vollmacht zusagen, daß alles zwischen ihm und Gott gut ist, daß alle Last falsch gelebten Lebens abgenommen ist, daß die Vergangenheit nicht mehr die Zukunft verstellt. Am letzten Sonntag hörten wir das Vollmachtswort Jesu, das den Sohn der Witwe aus dem Tod zurück ins Leben rief. Im heutigen Evangelium ruft Jesus auf andere Weise neu ins Leben: durch Vergebung der Sünden. In Jesus ist nicht nur ein mit Gott zuverlässig vertrauter Prophet unter den Menschen. In ihm ist die neuschaffende Liebe Gottes selbst da. So gilt die Liebe, mit der die Frau Jesus die Füße wäscht und mit kostbarer Salbe salbt, nicht nur einem Menschen, nicht nur dem Propheten, sondern dem lebendigen Gott, der in Jesus nahegekommen ist.

Von Gott ins Leben entlassen

Der Schluß der Erzählung ist uns aus unserer Liturgie bekannt. »Geh in Frieden.« Das wird uns gemeinsam gesagt, bevor wir nach unseren Versammlungen auseinandergehen. Formeln sind in Gefahr, abgenutzt zu werden und dann nicht mehr viel zu sagen. Unser heutiges Evangelium kann uns den Schlußgruß unserer Liturgie neu füllen. »Frieden« meint in der Sprache der Bibel ein Leben, in dem es gut ist zwischen Gott und uns und auch in unserem Miteinander. »Friede« bezeichnet, daß wir versöhnt mit Gott und miteinander leben dürfen. Es soll uns keine Schuld mehr belasten; es sollen uns keine Selbstzweifel quälen; nichts von gestern soll uns hindern an unserem Weg in die Zukunft. Es soll uns bereits hier und heute etwas umgeben von dem machtvollen Willen Gottes, daß in ihm alles gut werden soll. Wir müssen zwar mit der Erfahrung leben, daß weder wir noch unsere Welt einfach heil sind. »Geh hin in Frieden« sagt uns aber wie der von ihrer Lebenslast befreiten Frau zu: Geh mit der Gewißheit, daß die Macht und der Wille deines Gottes, dein Leben ins Weite zu führen und es hier und ewig gelingen zu lassen, stärker ist als alles, was dich am Leben zu hindern sucht.

Das wird uns mit besonderer Vollmacht gesagt am Tag der Auferstehung unseres Herrn. Es ist der Tag, an dem er unter die Jünger trat und ihnen den Auftrag gab, Sünden zu vergeben, also zu den Menschen zu gehen und ihnen im Namen des lebendigen Gottes zu sagen, daß die Übermacht der Sünde gebrochen ist und der Weg ins Leben offen steht durch den, der ihn vor uns und für uns gegangen ist. In unserem Zusammensein läßt Jesus nicht nur zu, daß wir ihn berühren. Er verbindet sich unserem nie ganz rein für Gott offenen Leben. Die Feier der Eucharistie ist Sakrament der Vergebung unserer alltäglichen Sünde. Wenn uns das Evangelium daran erinnert hat, daß wir aus diesem Geschenk leben dürfen, können wir auch in erneuertem Bewußtsein antworten »Dank sei Gott, dem Herrn«.

12. Sonntag
Nachfolge
(Lk 9,18-24)

Schwierigkeiten mit Selbstverleugnung und Kreuzesannahme

Von Selbstverleugnung und Kreuzesannahme ist seit einiger Zeit im kichlichen Leben mit größerer Zurückhaltung die Rede als früher. Wir haben gleich zwei Schwierigkeiten mit diesen Themen. Zum einen ist uns bewußt geworden, daß die mit Selbstverleugnung und Kreuz oft verbundene Propaganda lebensfeindlicher Einstellungen nicht dem Evangelium entsprechen kann. Zum anderen leben wir in einer Gesellschaft, die vom Ideal der Selbstverwirklichung und von Möglichkeiten des Lebensgenusses geprägt ist. Es ist nicht ganz einfach, damit die Aufforderung zur Selbstverleugnung und zur Kreuzesnachfolge zu verbinden.

Mißverständnisse

Zuerst sind Mißverständnisse, die uns noch immer anhängen und da oder dort neu auftauchen, abzuwehren. Selbstverleugnung kann nicht Selbstabtötung meinen. Es wird uns auch nicht zugemutet, daß wir uns nicht lieben dürften oder daß wir kein Selbstwertgefühl zu entwickeln haben. Das alles kann nicht gemeint sein. Wenn wir den Nächsten lieben sollen wie uns selbst, dann müssen wir uns selbst lieben; sonst gibt es keine Nächstenliebe. Und wenn Jesus gekommen ist, damit wir das Leben haben, dann dürfen wir dieses unser Leben nicht verachten, dann müssen wir es vielmehr hochschätzen und zur Entfaltung bringen. Entsprechend kann Kreuzesnachfolge nicht meinen, daß wir uns Kreuze suchen und diese uns auferlegen sollen. Es ist krank und macht krank, wenn Menschen sich selbst Lasten und Schmerzen auferlegen.

Der Zusammenhang: der Weg Jesu

Was Selbstverleugnung und Kreuzesannahme meinen, können wir christlich nur klären im Blick auf Jesus. Um seine Nachfolge geht es ja. In unserem Evangelium folgt auf das Messiasbekenntnis sofort das Wort Jesu über seinen Weg durch das Leid in die Auferweckung. Jesus widerspricht nicht, als er vom engeren Kreis der Seinen als Messias bekannt wird. Aber er antwortet etwa so: Denkt nicht falsch vom Messias und von eurem Weg mit ihm. Denkt nicht, daß der Messias und ihr mit ihm offene Türen findet und widerstandslos ein Leben schafft, in dem alles gut wird. Es liegt ein Weg vor mir und vor allen, die meine Jünger sein wollen, auf dem es Auseinandersetzungen, Widerstände, ja Haß und Tod geben wird. Ich werde diesen Weg gehen müssen. Auf diesem Weg soll ich die über den Menschen herrschende Macht von Sünde und Tod brechen. Und wer mein Jünger, wer Christ sein will, wird sich auf einen ähnlichen Weg hinter mir her einlassen müssen. Im Blick auf Jesus und seinen Weg ist zu klären, was uns mit Selbstverleugnung und Kreuzesannahme zugemutet wird.

Selbstverleugnung und Selbstverwirklichung

Wie sieht bei Jesus Selbstverleugnung aus? Sie ist bei ihm weder Selbstabtötung noch Selbstverachtung. Jesus wußte sich vom Vater geliebt, und so konnte er sich selbst lieben. Das Leben war ihm so wichtig, daß er es brennend für alle in Fülle wirken und schenken wollte. Was wir bei Jesus sehen, ist Verfügbarkeit für den guten Willen Gottes, seines Vaters. Nichts in ihm hinderte ihn daran, den Willen Gottes zu erkennen und zu erfüllen. Dabei war Jesus nicht ohne eigenen Willen. Aus eigenem inneren Antrieb lag Jesus daran, daß der so unendlich gute Wille des Vaters sich durchsetzen möge. Darum war er so einzigartig frei – für den Vater. Darin verwirklichte er sich selbst. Wir werden zugestehen müssen, daß uns Engherzigkeit, Kleinlichkeit, Kleinglaube, Mißtrauen daran hindern können und auch tatsächlich daran hindern, ganz offen für Gottes Willen mit uns zu sein. Wir haben auch Vorstellungen von unserem Weg, die wir uns selber machen und von denen wir doch wissen, daß sie nicht in die Weite führen wie bei Jesus. Selbstverleugnung kann dann etwa meinen, daß wir den Mut und die Freiheit finden, unsere allzu engen und kleinen Horizonte aufzugeben, um in den weiten und großen Willen Gottes hineinzufinden und für ihn dazusein. Das wäre unsere wahre Selbstverwirklichung. Selbstverleugnung ist so eine Weise zu glauben: daß wir Gott zutrauen, daß er uns besser trägt, als wir selbst es vermögen; daß wir uns seinem Weg mit uns überlassen, weil wir seiner Zukunft eher trauen als den von uns entworfenen Wegen; daß wir uns befreien lassen aus unserer Enge, um uns in der Weite des Willens Gottes zu entfalten.

Kreuzesannahme und Liebe zum Leben

Ähnlich läßt sich im Blick auf Jesus sehen, wie das Kreuz anzunehmen ist. Jesus hat das Kreuz weder gesucht noch gewollt. Die Menschen haben es ihm auferlegt. Er hat sich dagegen gewehrt. Aber er ist nicht ausgewichen. Er ist dem Auftrag treu geblieben, Gottes Liebe bis zum letzten zu erweisen. Es ging ihm nicht um das Kreuz um des Kreuzes willen. Er nahm es an, um an ihm Treue und Liebe zu leben und eben dadurch die Übermacht von Sünde und Tod zu brechen. Aus Liebe zum Leben – zu unserem Leben – trug er das Kreuz und starb daran. Wer seine Liebe zum Leben teilt, wird auf je eigene Weise daran zu tragen bekommen, daß unsere Welt nicht heil und nicht unbehindert offen ist für das, was dem Leben dient. Wer sich voll für das Leben, das eigene und das der vielen, die heute nicht zu ihrem Leben kommen, einsetzt, muß mit Wunden rechnen. Ursprünglich war beim Wort vom Kreuz an die Möglichkeit gedacht, den Tod als Märtyrer sterben zu müssen. Der Evangelist Lukas schrieb für eine Gemeinde, die zwar keiner aktuellen Verfolgung ausgesetzt war, aber doch tagtäglich einiges aushalten mußte, wenn sie in ihrer Umwelt Zeugnis vom Evangelium gab. Darum schreibt Lukas, daß Jünger, also Christen in der Nachfolge Jesu täglich ihr Kreuz auf sich zu nehmen haben. Auch da geht es nicht um Liebe zum Kreuz, sondern um die Liebe zum Evangelium. In der Liebe zum Evangelium und damit zum Leben für alle gibt es nicht nur das große, sondern auch das kleine Martyrium, d. h. die täglich gelebte Treue, die nicht ausweicht, wo sie Lasten begegnet oder verwundet wird.

Nachfolge durch Christusgemeinschaft

Noch ein Mißverständnis von Nachfolge ist zu überwinden. Jesus kann als Vorbild gedacht werden, an dem wir uns auszurichten haben. Vorbilder können nicht nur motivieren, sie können auch überfordern und dadurch entmutigen. Jesus als Vorbild müßte uns entmutigen, wenn er nur vor uns her ginge. Danach klingt das Wort Nachfolge. Es ist aber anders. Jesus geht nicht nur vor uns her, er geht auch mit uns. Noch mehr: Er verbindet sich uns. Er wird durch seinen Geist in uns der Antrieb und die Kraft, ihm auf seinem Weg zu folgen. Nachfolge geht nur in der Christusgemeinschaft. Diese wird uns immer neu geschenkt, wenn wir in seinem Namen versammelt sind, auf ihn hören und seine Liebe an uns austeilen lassen.

13. Sonntag
Das eine ganz Wichtige
(Lk 9,51-62)

Harte Worte

Die Worte Jesu über die Nachfolge klingen hart, ja abweisend. Sie schmeicheln unseren Ohren nicht. Wären sie uns nicht durch die Leseordnung vorgegeben, so hätten wir sie uns für unseren Sonntag wohl nicht ausgesucht. Jüngerschaft wird so radikal dargestellt, daß sie fast unmenschliche Züge bekommt. Daß wir eine Bleibe haben – wenigstens für unseren Schlaf -, ist uns sehr wichtig. Darum empfinden wir das Leben der Wohnungslosen als so bedrängend. Wenn nicht einmal die Bestattung der Toten ein Grund ist, den Aufbruch hinauszuschieben, dann werden Fundamente der Pietät erschüttert. Wenn man schon die Familie zu verlassen hat, dann muß man doch wenigstens Abschied nehmen dürfen. Daß es beim Pflügen krumme Furchen gibt, wenn man zurückschaut, ist einzusehen; aber vor dem Pflügen muß man doch noch das eine oder andere richten und klären dürfen.

Jesus spricht von sich

Die abweisende Farbe der Worte Jesu kann sich verändern, wenn wir anschauen, wie sie von Jesus gelebt wurden. Jesus erwartet von denen, die seine Jünger sein wollen, nichts anderes als das, was er selbst lebt. Er ist es, der keine Bleibe hatte, der seine Familienpflichten zurückstellte, der sich durch keinen Abschied am Aufbruch auf seinen Weg hindern ließ. Das alles hat bei ihm seinen Grund nicht in einer harten, asketischen Lebenseinstellung. Die Worte sind nicht negativ gegen das Wohnen, gegen die Pietät, gegen menschliche Beziehungen gerichtet. Sie sprechen positiv von dem, was Jesus ganz wichtig war: der Auftrag des Vaters. Er sollte den Menschen das neue Nahekommen Gottes bringen. Dabei ging es – um die Gleichnissprache Jesu aufzunehmen – um einen so reichen Schatz, daß man dafür in Freude alles verkauft, um eine so kostbare Perle, daß keine größere Faszination denkbar ist. Die Worte Jesu klingen nur unmenschlich, wenn nicht mitgesehen wird, wofür Jesus zurückstellt, was sonst für uns Menschen so sehr wichtig ist.

Dazu müssen wir noch darauf achten, in welchen Zusammenhang Lukas die Worte Jesu über die Nachfolge stellt. Am Anfang des

Evangeliums hörten wir: »Als die Zeit herankam, in der Jesus in den Himmel aufgenommen werden sollte, entschloß er sich, nach Jerusalem zu gehen.« Der Weg Jesu nähert sich seinem Ziel. Die Spannung nimmt zu. Der Auftrag Jesu bekommt immer klarere Gestalt. Immer deutlicher tritt hervor: Es geht um das eine und einzige ganz Wichtige: Gott will sich durchsetzen gegen alle Mächte, die gegen das Leben stehen. Was im Wirken Jesu seinen Anfang nahm, soll in Jerusalem seinen Höhepunkt finden. Davon ist Jesus so erfüllt, daß nichts anderes mehr ihn beanspruchen kann. Jüngerschaft meint, an dem Anteil haben, was Jesus über alles wichtig war: daß Gott, der Vater Jesu, sich mit seiner Liebe zu den Menschen und zur ganzen Schöpfung zeigen und zur Wirkung bringen will.

Mißbrauch der Opferbereitschaft von Menschen

Dadurch, daß Jesus nichts von seinen Jüngern erwartet, was er nicht selber lebt, unterscheidet er sich von denen, die vergleichbar radikale Forderungen an die Menschen stellen, ohne sie auf einen Weg zu rufen, den sie selber gehen. Es ist Menschen offenbar gar nicht so fremd, hohen Idealen große Opfer zu bringen. Politische Machthaber konnten Begeisterung auslösen, die junge Menschen zu den Fahnen eilen und im Kampf für das Vaterland ihr Leben drangeben ließ. Die religiöse Übersteigerung von Volk und Vaterland, Kaiser oder Führer ist wohl nicht mehr unsere Versuchung. Es gibt aber neue Formen, die Opferbereitschaft von Menschen zu mißbrauchen. Immer spielen dabei religiöse Motive eine Rolle. Gezielt wird in modernen Fehlformen von Religion versucht, Beziehungen zur Familie zu zerstören, Heimatlosigkeit zu verordnen und Grundregeln des Zusammenlebens außer Kraft zu setzen. Je höher und radikaler die Anforderungen an Menschen gestellt werden, umso verfügbarer werden sie. Daß es bei Menschen einen Idealismus geben kann, der mißbrauchbar ist, kann auch ein positiver Hinweis sein auf ein Verlangen nach etwas so Kostbarem, daß man tatsächlich dafür hingeben kann, was sonst wichtig ist, ohne doch ganz wichtig zu sein.

Das relativ Wichtige und das ganz Wichtige

So stehen wir vor der Frage, was uns nicht nur wichtig, sondern ganz wichtig ist. Es kann sein, daß Menschen alles nur relativ wichtig ist. Wahrscheinlich ist dies so, wo Menschen nur mit sich und anderen

Menschen zu tun haben. Ein Leben so beanspruchen, wie es die Worte Jesu über die Nachfolge tun, dürfen Menschen nicht. Jesus ging seinen Weg nicht unter einer menschlichen Herausforderung. Nur der wahre und lebendige Gott konnte ihn mit seinem einzig ganz wichtigen Willen so erfüllen, daß die Radikalität seines Weges nicht unmenschlich wurde, sondern im Gegenteil die kostbarsten Möglichkeiten des Menschen offenbarte. In dieser Sicht meint christliche Jüngerschaft, daß wir in dem Gott, den uns Jesus gibt, zu dem ganz Wichtigen gefunden haben, nach dem wir im Grunde unseres Lebens verlangen. Das kann uns davon befreien, Beziehungen und Werte wichtiger zu nehmen als sie sind. Außer dem Weg, den Gott mit uns gehen will, ist wirklich alles andere nur relativ wichtig.

Vielfältige Jüngerschaft

Gott ruft uns auf unterschiedliche Wege. Nicht alle ruft er aus ihren Familien heraus. Manchmal gibt es einen durchaus radikalen Weg in und mit der Familie. Nicht alle haben Heimat und Haus zu verlassen und wohnungslos zu leben. Doch gilt für alle in der Jüngerschaft Jesu, daß sie auf dem Wege sind, in ihren Wohnungen keine letzte Bleibe haben, mit Jesus durch den Tod hindurch im Haus des Vaters ihre ewige Wohnung finden sollen. Die vielfältigen Wege christlicher Jüngerschaft unterscheiden sich im Grunde nicht im Maße ihrer Radikalität. Gott geht es immer um den ganzen Menschen, weil er den ganzen Menschen an sich ziehen und in sich glücken lassen will.

Nahrung für unseren Weg der Jüngerschaft

Wir sind zur Feier des Sonntags versammelt. Es ist der Tag, an dem – in der Sprache unseres Evangeliums – Jesus in den Himmel aufgenommen ist. Er hat damit angefangen, unser Leben in das Leben Gottes zu retten. Dafür ging er seinen Weg. Bevor er seinen Weg bis zum Ende ging, gab er sich als Nahrung für unseren Weg. Den Geist der Hingabe, den wir darin empfangen, beansprucht er, damit wir ihm folgen. Das kann und soll unser Leben nicht belasten, sondern zur Entfaltung bringen. Wo uns mit Jesus Gott, unser Vater, zum einen ganz Wichtigen wird, ordnen sich die anderen Wichtigkeiten und finden wir in die Freiheit der Kinder Gottes.

14. Sonntag
Der Auftrag der Arbeiter im Weinberg

(Jes 66,10-14c; Lk 10,1-9)

Die Bitte um Arbeiter

Vieles im Evangelium unseres Sonntags ist uns ziemlich fremd. Vor allem die Praxis der Wanderpredigt kennen wir fast gar nicht. Vertraut ist uns dennoch die Mahnung, um Arbeiter für die Ernte zu bitten. Wir verbinden sie herkömmlich mit dem Aufruf zum Gebet um Priester. Damit verstehen wir sie zu eng. Das zeigt vor allem die Tatsache, daß die Boten nicht als Amtsträger in bestehende Gemeinden geschickt werden. Sie werden in Städte und Dörfer gesandt, die noch unberührt vom Evangelium waren, in die Jesus aber kommen wollte. Betrachten wir die Aufgabe der Boten etwas näher.

Die gute Nachricht ansagen

Sie sollen ausrufen:»Das Reich Gottes ist nahe!« Diesen kurzen Satz müssen wir erst zum Klingen bringen. Sie sollen den Erniedrigten ansagen, daß Gott ihnen nahekommt, um sie aufzurichten. Sie sollen den Kranken bezeugen, daß Gott ihr Leben will. Sie sollen den Mutlosen Hoffnung auf Gottes nie endende Möglichkeiten machen. Sie sollen den von den Menschen Ausgeschlossenen Versöhnung und neue Gemeinschaft im Namen Gottes ankündigen. Zusammengefaßt: Sie sollen den Menschen Freude, Mut, Zuversicht, Hoffnung machen – und das im Vertrauen auf neues Nahekommen Gottes.

Darum ordnet die Kirche diesem Evangelium die Trostlesung aus dem Buch Jesaja zu. Da werden die Menschen aufgefordert, sich vom Reichtum der Stadt Jerusalem in allem Leid und aller Not trösten zu lassen, weil Gott in diese Stadt Frieden und Gerechtigkeit wie einen rauschenden Bach strömen läßt. So ähnlich sollen die Boten vor Jesus her ein Geschehen ankündigen, in dem die Menschen sich satt saugen sollen und können in ihrem Verlangen nach einer endgültig guten, gerechten, versöhnten, vom gegenseitigen Wohlwollen aller erfüllten Welt.

Mangel an Zuversicht und Freude

Brauchen wir dringend Arbeiterinnen und Arbeiter mit diesem Auftrag Gottes? Menschen also, die ihren Mitmenschen Freude und Zuversicht zusagen? Wenn wir uns aufmerksam umschauen, können wir trotz unseres Reichtums einen Mangel an wirklich tiefer Freude und befreiender Hoffnung ausmachen. Manches Menschenleben kommt nicht recht zur Entfaltung, weil es ihm an Vertrauen fehlt, sein Engagement könnte etwas ausrichten. Aus Mangel an Trost gibt es Flucht in kurzfristige und wechselnde Partnerschaften. Wo Suchtkrankheiten zunehmen, sind sie immer ein Zeichen, daß Freude und Trost gleichsam mit Gewalt erzeugt werden müssen, weil Menschen sie im normalen Umgang miteinander nicht geben und empfangen können. Es gibt Mutlosigkeit angesichts der großen Herausforderungen unserer Zeit. Es lohnt sich in der Perspektive mancher Heranwachsender nicht, sich gegen die Vernichtung der Erde durch den Menschen zu wehren. Zu stark erscheinen ihnen die Mächte egoistischer Habgier und irrationaler Verschwendung. So kann es sein, daß wir tatsächlich die Erde zugrunde richten aus Mangel an Vertrauen in eine immer mögliche Umkehr.

Das Angebot »positiven Denkens«

Mit dem Mangel an Freude und Vertrauen werden Geschäfte gemacht. Trainingsprogramme für ein »positives Denken« werden mit Büchern und Audio-Kassetten angeboten. Da kann man sich über Kopfhörer (z. T. über unbewußte Beeinflussung) einflüstern lassen, daß wir gut und tüchtig sind, daß die Menschen uns achten und verstehen, daß wir in einer lebenswerten Welt leben, daß wir schön und liebenswert sind usw. Das Geschäft funktioniert, weil wir ohne positives Denken auf Dauer nicht lebensfähig sind. Natürlich muß Kritik sein; aber sie muß geübt werden aus dem Vertrauen heraus, daß sich etwas ändern kann, also im Klima eines positiven Denkens. Woher aber kann sich dieses Denken speisen? Haben wir als Menschen Vollmacht genug, uns selbst und einander zu sagen, daß im Grunde alles gut ist bzw. gut werden wird? Manche sehen sehr nüchtern, daß der Blick allein auf uns Menschen wenig Mut und Zuversicht begründen kann.

Menschen, die im Namen Gottes aufrichten

Die Welt braucht Menschen, die sich von Gott senden lassen, um Freude an seinem Nahesein und Hoffnung auf seine rettende und heilende Macht zu verbreiten. Gemeint sind damit nicht nur und wohl nicht einmal zuerst professionelle Mitarbeiterinnen und Mitarbeiter in der Pastoral. Sie werden oft allzu sehr von innerkirchlichen Aufgaben besetzt. Die Welt braucht in ihren vielen Lebenswelten – etwa in Krankenhäusern und Parteien, in Betrieben und Nachbarschaften, in Ehen und Familien, im wirtschaftlichen und kulturellen Leben – die Menschen, die selbst erfüllt sind von der Gewißheit, daß Gott unter uns wirkt. Die Welt braucht ein vielfältiges Zeugnis eines positiven Denkens, das sich nicht auf den Menschen stützt, sondern auf das, was Gott möglich ist und was er mit seinem Geist in Menschen bewirken kann und will.

Bei uns sind die Voraussetzungen nicht mehr so, daß das Evangelium durch Wanderpredigt verkündigt wird. Da gibt es kaum mehr Ortschaften, wo die Menschen auf den Straßen zu versammeln sind. Die Sprache der Demonstrationen dürfte kaum als Normalsprache für das Evangelium geeignet sein, obwohl auch sie gelegentlich notwendig wird. Unverzichtbar wird das alltägliche Zeugnis eines aus der Freude an Gott und seinen Möglichkeiten genährten Lebens sein. In einem solchen Leben werden auch die Worte möglich, die die Quelle offenbaren, aus der es lebt.

Wir empfangen, um zu bezeugen

Wir können nichts weitergeben, was wir nicht empfangen haben. Versammelt sind wir, um das Nahesein Gottes bei uns zu feiern und es uns immer wieder neu schenken zu lassen. Wir dürfen miteinander die Nahrung teilen, aus der unsere Freude und Hoffnung lebt. Das tun wir nicht, um sie gleichsam für uns selbst zu verbrauchen, sondern um sie als Vorboten auszubreiten.

15. Sonntag
Wer ist mein Nächster?

(Lk 10,25-37)

Die Frage

In ländlichen Gebieten gibt es bei uns noch die Institution der Nachbarschaften. Etwa sechs Nachbarn bilden eine engere Gemeinschaft. In ihr ist ziemlich genau vorgegeben, was wer in Notsituationen zu tun hat. Es gibt sogar einen ersten Nachbarn, der in manchen Fällen zuerst zuständig ist. Da ist also geklärt, wer der Nächste ist. Das Beispiel kann uns erschließen, daß die Frage nach dem Nächsten nicht immer so klar zu beantworten ist. Wann ist die Familie dran und wann die Nachbarschaft? Wie verhält sich die Solidargemeinschaft der Nachbarschaft zu der des Dorfes? Die Weisung der Nächstenliebe ist interpretationsbedürftig. Sie lautet ja nicht, daß wir alle Menschen zu lieben bzw. – nüchterner formuliert – uns für sie verantwortlich zu fühlen haben. Das wäre unrealistisch. Aber es gibt den Nächsten und nach ihm noch eine ganze Reihe abgestufter Solidarität. So ist jedenfalls normalerweise unser Leben eingerichtet. Der Fragesteller unseres Evangeliums ist offenbar unsicher, ob die Ordnung der Nächstenliebe, in der er lebt, die rechte ist. Dazu möchte er den Rat Jesu haben. Vielleicht können wir seine Unsicherheit teilen und mitfragen, ob wir den Nächsten sehen und beachten, dessen Leben uns so wichtig werden soll wie unser eigenes.

Die Antwort

Jesus antwortet nicht mit einer allgemeinen Kennzeichung des Nächsten. Er erzählt eine Geschichte. Die meisten von uns kennen sie von ihrer Kindheit an. Durch sie hat der Name »Samariter« einen ganz anderen Klang als für die Zuhörer Jesu. Uns ist der Samariter sympathisch und vorbildlich. Den Zuhörern Jesu galten die Samariter als minderwertig. Da die Nächstenliebe geläufigerweise als im Rahmen des eigenen Volkes gefordert verstanden wurde, sahen Juden die Samariter nicht als Nächste an. Eben darauf zielt die Geschichte. Wo abstrakt darüber gestritten wird, wer mein Nächster ist, kann man blind werden für den wirklichen Nächsten. Die beiden Kleriker sahen zwar den Zusammengeschlagenen und Ausgeraubten am Weg; aber sie waren blind für ihn als Nächsten. Der Samariter war als Nichtvolksgenosse eigentlich nicht der Nächste für den Mann am Weg, ihn ging die Not des Verwundeten eigentlich nichts an, aber er sah den Elenden nicht als Angehörigen einer ihm fernen Gemeinschaft; er sah ihn als Menschen in Not, und in dieser Not sich als Nächsten. Und so hielt er an und half. Er half sorgfältig und gründlich. Nach dieser Geschichte ist die Frage nach dem Nächsten nicht abstrakt, allgemein zu beantworten. Es gilt vielmehr, für die Not von Menschen, die an unserem Weg liegen, ein aufmerksames Auge, eine helfende Hand und die aufrichtende Tat zu haben. Jede und jeder kann durch Not, in die er oder sie gerät, unsere Nächste oder unser Nächster werden – nicht nur in der Familie, nicht nur in der Nachbarschaft, nicht nur in der politischen oder kirchlichen Gemeinde, nicht nur innerhalb unserer Nation oder Europas. Auf die Not kommt es an, die nach uns als Nächsten ruft.

Wie uns Not begegnet

Die Geschichte Jesu kann uns orientieren, wo unser Leben ähnlich ist wie das Leben der Menschen damals. Der Samariter begegnete dem Überfallenen. Ähnlich kann es uns geschehen, daß wir unmittelbar durch Not in unserer Nähe herausgefordert sind. Dann ist durch das von Jesus erzählte Beispiel klar, was zu tun ist. Die Verhältnisse, in denen wir leben, sind aber nicht einfach. Da gibt es viel versteckte Not. Wo wir – z. B. in den Fußgängerzonen – offen auf unsere Hilfe angesprochen werden, sind wir unsicher, ob und wie wir da wirklich helfen können. Nicht selten leben wir trotz räumlicher Nähe so nebeneinander, daß wir gar nicht mitbekommen, wo wir gebraucht werden. Und dann ist da auch noch die Not, die uns durch die Medien nahekommt. Sie ruft nach uns in einer Vielzahl von Spendenaufrufen – sowohl in der Kirche als auch in unserer Öffentlichkeit. In einer Weltgesellschaft, in der die Not noch der Fernsten uns erreichen kann, wird die Frage nach dem Nächsten auf neue Weise dringend und bedrängend. Es ist nicht ganz leicht, zur einen Seite hin die Weisung der Nächstenliebe ganz ernst zu nehmen und gleichzeitig zur anderen Seite hin eine krankmachende Überforderung durch alle uns nahende Not der Menschen zu vermeiden. Wie kann uns dabei die Erzählung Jesu weiterhelfen?

Nicht einfach weitergehen

Vom Priester und vom Leviten wird mit kritischem Unterton erzählt: »Er sah ihn und ging weiter.« Beim Samariter heißt es: »Er sah ihn, hatte Mitleid und ging zu ihm hin.« Wir können uns nicht mit aller Not, von der wir erfahren, zutiefst belasten lassen. Wir können auch nicht überall hingehen, um zu helfen. Aber eines können wir doch: nicht einfach weitergehen, als hätten wir nichts gesehen. Der großen Not der vielen Menschen insbesondere in unserer in Wohlstand und Elend gespaltenen Menschheit ist nicht durch individuelle Hilfe zu begegnen. Sie verlangt die Bereitschaft und Fähigkeit, das Leben innerhalb unserer Gesellschaft und unter den Völkern so zu gestalten, daß nicht nur wir zu unserem Leben kommen, sondern auch die Schwachen unter uns und die vielen Fernen, deren Not uns nahegekommen ist. Dazu aber ist es notwendig, daß das Lebensverlangen der vielen im Elend uns erreicht hat und unser Bewußtsein mitbestimmt. Wenn wir zu unseren Tagesordnungen übergehen würden, als wüßten wir nichts vom Zustand unserer Welt, dann würden wir uns wie Priester und Levit in der Erzählung Jesu verhalten: »Er sah ihn und ging weiter.« Nächstenliebe in unserer modernen Gesellschaft ist wie zur Zeit Jesu bleibend eine Weisung zur hilfsbereiten Aufmerksamkeit für uns unmittelbar begegnende Not. Sie ist dazu eine Weisung, aus Mitleid mit Nöten, denen wir nicht abhelfen können, politische Bereitschaft und Phantasie zu entwickeln, durch die Kräfte für soziale Lebensordnungen freigesetzt werden.

Uns wird geholfen

Eine alte Auslegung der Geschichte vom barmherzigen Samariter nimmt sicher nicht deren ursprüngliche Aussage auf, kann uns aber doch gleichsam in die Welt hineinführen, aus der die Erzählung Jesu erwachsen ist. Im ausgeraubten und zerschundenen Mann am Weg wird die Menschheit gesehen. Das Mitleid mit der Menschheit bewegt Gott, zu ihr hinzugehen, die Wunden zu waschen und zu heilen (wobei an die Sakramente gedacht wurde) und für Unterkunft und Unterhalt zu sorgen (wobei an ein Zuhause in der Glaubensgemeinschaft der Kirche gedacht wurde). Wahr ist in dieser Auslegung, daß wir zuerst die von der helfenden und heilenden Liebe Gottes Beschenkten sind und dann erst unter der Weisung stehen, diese Liebe in unserem zur Hilfe drängenden Mitleid weiterzugeben. Darum ist es wichtig, daß wir nicht nur die Weisung des Evangeliums hören, sondern jetzt auch erfahren, wie wir in der Hingabe Jesu mit unseren Schwächen und Wunden, in unseren großen und kleinen Nöten angenommen und aufgerichtet werden. In Jesus ist Gott selbst allen Menschen der Nächste geworden, der unserem Leben aufhilft.

16. Sonntag
Das Notwendige
(Lk 10,38-42)

Unterschiedliche Wissensformen

Das englische Wort Know-how ist uns auch in unserer Sprache geläufig geworden. Es heißt übersetzt: Wissen wie. Durch das Know-how weiß man, wie etwas gemacht wird, wie etwas funktioniert. Etwas weniger verbreitet ist das Wort Know-what. Es heißt übersetzt: Wissen was. Im Know-what geht es darum zu finden, was denn überhaupt zu machen ist, worauf es also ankommt. Es ist ziemlich klar, daß man zuerst das Know-what braucht, also ein Ziel des Handelns, um dann weiter mit dem Know-how zu erfahren, wie man das Ziel erreichen kann. Das Know-what ist zumindest ebenso notwendig wie das Know-how.

Das hat der große Physiker Werner Heisenberg, der über seine Wissenschaft und ihre Grenzen viel nachgedacht hat, in etwa folgendes Bild gebracht. Da ist ein Ozeandampfer. Auf ihm ist eifriges Wirken und Arbeiten, von der Maschine bis zur Klimaanlage, von der Küche bis zum Service. Alles funktioniert. Eines allerdings fehlt: In der Kommandozentrale gibt es keinen Kompaß. So kann das Schiff nicht gesteuert werden. Das ganze hektische Treiben ist daher wie richtungslos. Der ganze Betrieb läuft leer. Es geht nirgendwo hin. So ähnlich ist es mit einer Gesellschaft, die reich ist an Know-how, die aber das Bewußtsein verloren hat, worauf das Ganze eigentlich hinausläuft, die also kein Know-what entwickelt.

Menschen auf der Suche nach ihrem Leben

Unsere Gesellschaft ist davon geprägt, daß wir auf allen möglichen Gebieten ein hoch entwickeltes Know-how haben. Unsere Kinder nehmen davon schon früh vieles auf und überholen uns nicht selten im Laufe ihres Heranwachsens. Weil das Know-how immer weiter anwächst, müssen wir lebenslang lernen. Gleichzeitig nehmen kritische Beobachter unseres Lebens wahr, daß sich eine Unsicherheit ausbreitet in der Frage, was unser Leben in der Tiefe gelingen läßt. Man spürt, daß der Betrieb allein nicht alles sein kann. Man erfährt, wie man an Lebensmöglichkeiten immer reicher werden und zugleich an wirklich gelebtem Leben verarmen kann. Wenn es um die Frage nach einem verläßlich orientierenden Lebensentwurf geht, zeigt sich unsere Gesellschaft als hilflos. Da läßt sie die einzelnen allein. Das soll jeder für sich sehen. Für nicht wenige ist es eine Not, daß sie sich vor der Gabe und Aufgabe ihres Lebens sehen, daß sie aber ohne Beistand bleiben, das Leben zu finden, nach dem sie in der Tiefe verlangen. Nicht selten wird diese Not mit gesteigerter äußerer Betriebsamkeit überspielt.

Sie hörte seinen Worten zu

Vielleicht können uns diese Erfahrungen in die Szene unseres heutigen Evangeliums hineinführen. Maria können wir verstehen als einen Menschen, der nach einem Wort hungert, das ihr ihr Leben eröffnet. Sie sieht in Jesus einen, der mit der Tiefe des Lebens vertraut ist, und nutzt die Chance seines Daseins. »Sie setzte sich dem Herrn zu Füßen und hörte seinen Worten zu.« Wenn die Christen davon erzählten, erzählten sie, wer sie sind. Christsein hieß für sie, sich dem Herrn zu Füßen zu setzen und seinen Worten zuzuhören. Davon lebten sie. Sie ließen in sich eindringen, wie Jesus von seinem Vater als ihrem Ursprung und Ziel sprach, wie er ihnen die Liebe zu Gott und zum Nächsten als Raum erschloß, in dem sich ihr Leben entfaltet, wie er ihnen Freude machte in der Hoffnung auf ein alles heilendes Handeln Gottes. Von Jesus erfuhren sie, worum es in ihrem und allem Leben im Grunde geht, woher alles kommt und wohin alles auf dem Wege ist. In Maria erzählten sie so von der Kirche. Das war ihre Wahl: zu Füßen Jesu zuzuhören und so in die Gabe und Aufgabe ihres Lebens zu finden.

Eine Szene aus Lateinamerika

Wie das leibhaftig nachvollzogen werden kann, hat Heinrich Spaemann nach einem Besuch einer Religionsstunde in Lateinamerika erzählt: »Der große Klassenraum war völlig leer, keine Tische, kein Gestühl, das Licht durch einen dichten Vorhang gedämpft. Auf dem Boden war mit weißer Farbe ein großes Oval gezeichnet. Die Kinder kamen aus der Pause, von draußen, schwatzend, lachend, gestikulierend; die Lehrerin empfing sie mit einem Tambourin, einen Tanzschritt trommelnd. Sie betraten das Oval und begannen, dem Rhythmus sich fügend, eine Melodie zu summen, den Kreis abzuschreiten. Jedes achtete darauf, daß es auf der Linie blieb. Die Trommel wurde leiser, das Summen schwächer, bis es verstummte, das rhythmische

Schreiten ging weiter. Nun rief die Lehrerin – sie saß am Kopfende des Raumes – sehr leise nacheinander je ein Kind auf, mit Namen. Das Gerufene hockte sich nieder, wo es gerade war, im Yogasitz, den Kopf gesenkt, die Hände wie Schalen im Schoß. So schließlich alle 30. Danach war es einige Minuten lautlos still. Jetzt wurde wiederum jedes Kind – mit noch leiserer Stimme – beim Namen gerufen (von Anruf zu Anruf war eine Pause), es stand auf und ließ sich vor der Lehrerin nieder, so hockten schließlich alle um sie herum, wartend, schweigend, im Halbrund. Und nun begann sie mit der Bibel.« So versteht sich die Kirche in Maria: gesammelt aus der Zerstreuung, von ihrem Gott beim Namen gerufen, wartend auf sein Wort, um zu erfahren, wie es mit dem Leben unter unserer alltäglichen Betriebsamkeit ist, worauf wir uns verlassen und worauf wir hoffen dürfen und sollen.

Der geschützte Raum des Hörens

Martas Aufforderung, Jesus solle Maria wegschicken, um ihr zu helfen, weist Jesus zurück. Maria hat das Notwendige gewählt, hat sich für das zumindest in dieser Stunde einzig Wichtige entschieden. Damit soll nicht abgewertet werden, was Marta tut. Auch das mußte ja sein. Das Gemüse wusch sich nicht selbst. Das Kochen ging damals noch weniger automatisch als heute. Der Tisch deckte sich nicht von allein. Um auf den Ozeandampfer zurückzukommen: Die Maschinen müssen laufen. Für den Service der Gäste muß gesorgt sein. Der Betrieb ist nicht überflüssig. Aber da ist das eine ganz Notwendige: der Kompaß. Er ist Symbol für das Bewußtsein, woher wir kommen und wohin wir gehen. Ohne dies droht aller Betrieb sinnlos zu werden.

Wir haben wohl alle Erfahrung damit, wie der Raum, in dem wir zur Besinnung kommen wollen, in dem wir zu hören suchen, welcher Sinn unseren Tagen gegeben ist, wie dieser Raum vom andrängenden Betrieb gefährdet wird. So geschieht es im Haus der Schwestern. Jesus wertet den Eifer der Marta nicht ab; aber er schützt den Raum des Hörens, in dem Maria bei ihm nach ihrem Leben sucht.

Der Sonntag als Tag für das Notwendige

In der Gestalt der Maria können wir uns selbst wiederfinden mit dem, was uns am Sonntag verbindet. In unserer Gesellschaft gibt es kein gemeinsames Hören auf die Tiefe in unserem Leben. Allen gemeinsam ist eher das Wochenende als der Sonntag. Der Betrieb des Wochenendes legt vielen nahe, sich eher zu zerstreuen als sich zu sammeln, eher die Zeit zu vertreiben als sie intensiv zu leben. Es ist nicht gegen das, was uns alltäglich beschäftigt, wenn wir uns versammeln zu den Füßen des Herrn und uns von ihm sagen lassen, was uns trägt und orientiert. Und er ist nicht nur unser Kompaß, zeigt nicht nur im Wort den Weg. Er gibt auch das Brot, das uns stärkt für den Weg.

17. Sonntag
Die Demut und das Vertrauen des Bittens
(Lk 11,1-13)

Vom Kind zum Erwachsenen

Kinder kennen keine Hemmungen, sich umsorgen und bedienen zu lassen. Sie schreien, wenn man sich nicht um sie kümmert. Sie lassen sich füttern und reinigen. Ihnen bleibt nichts anderes übrig; denn allein können sie ja noch gar nicht leben. Sie leben von dem, was – normalerweise – ihre Eltern ihnen geben. Im Heranwachsen lernen sie in einigen Familien das Bitten. Das Aufhalten der Hände und Empfangen brauchen sie nicht groß zu lernen. Nach einiger Zeit hören Eltern, wenn sie helfen wollen, schon das abwehrende Wort »selber machen«. Immer weniger wollen Heranwachsende sich helfen lassen, von ihren Eltern leben. Sie wollen sich selbst versorgen, auf eigenen Füßen stehen. Wenn ihnen doch Hilfe aufgedrängt wird, fühlen sie sich davon eher belästigt und nicht genug geachtet. Eltern müssen ihre Kinder loslassen in ihr eigenes Leben.

Den Händen Gottes entwachsen?

Kritiker von Religion sehen die Menschheit in einer ähnlichen Entwicklung. Die Menschheit in ihrem Kindheits- und Jugendstadium sah sich umsorgt und beschenkt, z. T. auch dirigiert und bestraft von Gottheiten bzw. von einer Gottheit. Mit der Neuzeit ist sie erwachsen geworden. Sie hat nun ihr Leben selbst in die Hand genommen. Sie empfängt die Welt nicht mehr von einem Gott, sondern gestaltet sich selbst ihre Welt. Sie muß nicht mehr bitten, sondern hat die eigenen Kräfte einzusetzen. Religion scheint in dieser Sicht nur noch etwas für die zu sein, die sich ein solches eigenständiges Leben nicht zutrauen. Ähnlich wie es Erwachsene gibt, die noch immer auf das Elternhaus zurückgreifen, wenn sie allein in Schwierigkeiten geraten. Für sehr viele mit uns lebende Menschen gilt: Der moderne Mensch ist den Händen eines ihn tragenden, schützenden und ihm helfenden Gottes entwachsen. Er muß allein klarkommen.

Überanstrengtes Leben

Es halten sich Zweifel daran, ob Gott nur in die Kindheitsgeschichte der Menschheit gehört und heute hinter uns liegt. Es ist zwar wahr, daß wir vieles durchschauen, was früher als geheimnisvolles Wirken eines Gottes galt – etwa Blitz und Donner. Es ist auch wahr, daß wir heute vieles selber machen können, worum Menschen vor uns nur bitten konnten – z.b. reichere Ernten. In den Städten haben wir mehr mit der von Menschen gestalteten Welt als mit einer Schöpfung aus den Händen Gottes zu tun. Es bleibt zugleich wahr, daß wir uns nicht selbst ausgedacht und gemacht, sondern uns mit unseren Möglichkeiten vorgefunden haben. Es bleibt zugleich wahr, daß uns vieles nicht so ohne weiteres machbar ist – etwa Versöhnung, Zustimmung zum Dasein, Hoffnung und Trost. Es kann für uns sehr anstrengend, zu anstrengend werden, uns selbst zu tragen, uns selbst liebenswürdig zu machen, uns selbst eine befriedigende Antwort auf unseren Hunger und Durst nach Leben zu geben. Es bleiben zumindest Zweifel, ob es menschlich ist, gottlos zu leben.

Jesus lehrt uns, den Vater zu bitten

Jesus zeigt uns ein Menschsein, das im Erwachsensein sich doch von Gott als gutem Vater getragen, in Liebe angesehen und beschenkt weiß. Dem Menschen geht es nach Jesu Botschaft mit Gott anders als mit seinen Eltern. Den Händen Gottes entwächst der Mensch nicht. Er bleibt von Gott gedacht und gewollt. Er bleibt von diesem Vater geliebt und umworben. Der Weg des Menschen führt nicht aus dem Hause Gottes, des Vaters heraus, sondern in dieses hinein. Sich von diesem Gott tragen und beschenken lassen, erniedrigt nicht, sondern befreit von Überforderung und läßt die Würde von Kindern Gottes entdecken.

Es fällt erst im Vergleich zu anderen Gebetsmöglichkeiten auf, daß Jesus auf die Bitte, seine Jünger beten zu lehren, sie bitten lehrt. Das Vaterunser ist ein Bittgebet, und Lukas schließt daran weitere Einweisungen ins Bitten an. Sehr verbreitet war bei den Juden zur Zeit Jesu das Preisen Gottes. Das kannte und übte Jesus auch. Er lehrt die Jünger aber vor allem das Bitten. Das hat mit seiner Überzeugung von Gott und vom Menschen zu tun. Gott, der Vater, will geben, und der Mensch lebt vom Empfangen – auch da, wo er in der Lage ist, etwas selbst zu tun. Jesus ruft uns in seiner Gebetslehre in zwei Haltungen, ohne die wir uns als Menschen verfehlen.

Die Demut

Falschem Denken hat Jesus ein Kind entgegengehalten und den Erwachsenen gesagt, da sollten sie hinschauen und lernen. Lernen sollten sie die von vielen verlorene Fähigkeit, sich beschenken und lieben zu lassen. Sie sollten wieder die Hände hinhalten lernen, um sie sich vom Vater im Himmel füllen zu lassen. Sie sollten sich erkennen als Geschöpfe, deren Glück es ist, von Gott gedacht zu sein und von ihm vollendet zu werden. Sie sollten aufgeben, sich selbst ihre Namen zu machen und ihre Bedeutsamkeiten zu zimmern. Sie sollten den unschätzbaren Wert entdecken, den ihnen die Liebe ihres Gottes schenkt.

Das Vertrauen

Diese befreiende Demut wird nur möglich im Vertrauen auf den Gott und Vater Jesu, der nur Gutes und alles Gute für uns will. Davon war Jesus in seiner tiefen Einheit mit dem Vater ganz durchdrungen, mit welcher drängenden Güte Gott am Leben der Menschen liegt und wie er alles, wirklich alles geben will, was ihrem Leben dient. Wir hörten eben, wie Jesus auf die Erfahrung verweist, daß schon irdische Eltern ihren Kinder Gutes geben, irdische Eltern, die gar nicht immer gut sind. Um wieviel mehr dürfen und sollen wir von seinem ganz guten Vater wirklich alles Gute erwarten und erbitten.

Zusammen, um zu bitten und zu empfangen

Wir werde nicht nur nach der Weisung Jesu das Vaterunser miteinander beten. Es bekommt in unserer Feier die Bedeutung eines Tischgebetes. Auf unsere Bitte hin sollen wir empfangen. Wir halten unsere Hände offen im Bekenntnis, nicht allein von uns leben zu können, sondern auf die Gabe Gottes angewiesen zu sein – in Demut und Vertrauen. Der Evangelist Lukas hat eine kleine Änderung in der ihm vorliegenden Überlieferung vorgenommen, die für uns wichtig ist. Wir hörten:»Um wieviel mehr wird der Vater im Himmel den Heiligen Geist denen geben, die ihn bitten.« Um die Gabe des Heiligen Geistes bitten wir im Empfang der Kommunion. Er ist die Kraft, die uns nährt und heilt, die uns wärmt und reinigt, die uns tragen läßt, was uns auferlegt wird, und die uns unsere Möglichkeiten des Schaffens und Arbeitens eröffnet. Nach der Weisung Jesu ist es wahrhaft menschlich, in Demut und Vertrauen zu bitten und sich beschenken zu lassen.

18. Sonntag
Zwei Weisen des Reichtums
(Lk 12,13-21)

Vertrautes Sicherheitsdenken

Der Bauer mit dem Ernteglück tut nichts Verwerfliches. Er legt seinen Überfluß so an, daß er nicht mehr von Jahr zu Jahr um die Ernte bangen muß, sondern zumindest auf absehbare Zeit genug und übergenug zum Leben hat. Wie dieser Bauer wirtschaftet, so wirtschaften wir in unserer Gesellschaft tagtäglich. Es gibt die kleine Vorratswirtschaft für die nächsten Tage, bei der wir uns bei vollen Truhen und Schränken beruhigen: So, liebe Seele, für einige Tage kannst du ruhig sein; da ist alles da. Und es gibt die große Vorratswirtschaft – insbesondere für unsere Sicherheit im Alter. Renten und Versicherungen sind aus unserem Leben nicht wegzudenken. Wohl für uns alle ist es ein Ziel, für Zeiten der Krankheit, des Alters und der Pflegebedürftigkeit vorgesorgt zu haben. Es tut uns gut, wenn wir uns sagen können: Du brauchst dir keine Sorge mehr zu machen; freue dich unbelastet des Lebens, das dir bleibt. Weil Lebenssicherheit für uns so wichtig ist, sind wir für alle Werbung, die sie verspricht, so ansprechbar.

Die Narrheit der Versicherten

Uns gilt es als klug und weise, Vorräte zu sammeln und Versicherungen abzuschließen. Es muß uns aufschrecken, wenn Jesus den so klug wirtschaftenden Bauern einen Narren nennt. »Narr« klingt in unserer Sprache viel zu vornehm. Gemeint ist, daß der Bauer seine Situation falsch sieht und gegen seine eigenen Interessen handelt. Er täuscht sich selbst, fügt sich Schaden zu, erreicht mit seinen Maßnahmen alles andere als Sicherheit. »Blöd« würde man ihn in einem modernen Sprachspiel nennen. Wenn wir dem Bauern ähnlich sind in unserem Wirtschaften, ist es wichtig auszumachen, worin er irrt und worin wir mit ihm irren und uns gefährden. Dazu sollten wir noch einmal hören: »Du Narr! Noch in dieser Nacht wird man dein Leben von dir zurückfordern. Wem wird dann all das gehören, was du angehäuft hast? So geht es jedem, der nur für sich selbst Schätze sammelt, aber vor Gott nicht reich ist.«

Unsere mancherlei Formen der Lebensversicherung können uns unser Auskommen garantieren, vielleicht sogar ein reichliches und überreichliches Auskommen. Sie können uns ermöglichen, uns einiges oder sogar vieles leisten zu können. Sie schaffen nicht die Wahrheit ab, daß einmal unser Leben von uns zurückgefordert wird und daß wir dann vor der Frage eines ganz anderen Reichtums stehen. Vor der Frage, was mit uns selbst ist – nicht mit den Dingen, die wir angesammelt haben. Wie wir nicht das sind, was wir anziehen, wie wir nicht unsere Autos und unsere Titel sind, so sind wir auch nicht unsere Häuser, unsere Konten und unsere Wertpapiere. Das wichtigste Bildwort für uns selbst ist wohl das »Herz«. Was wir in uns tragen und wer wir in uns sind, das sind wir selbst, nicht unsere äußeren Umstände und unsere um uns aufgerichteten Fassaden. In der Sprache unseres Evangeliums können wir sagen: Vor Gott – und das heißt in der Tiefe unserer Lebenswahrheit – gilt nur, was mit unserem Herzen ist, was wir und wie wir in ihm und mit ihm geliebt haben. Unsere Versicherungen entscheiden darüber, was wir uns leisten können. Das ist nicht einfach unwichtig; aber ein Narr ist, wer das für das Wichtigste oder gar für alles hält. Wer wir selber sind und wer wir dann vor Gott sind, das wird in der Armut oder dem Reichtum des Herzens entschieden. Und da gibt es arme Reiche und reiche Arme.

Die Situation des Mahnwortes
Vielleicht ist ein Blick auf die Situation, mit der beim Evangelisten Lukas das mahnende Gleichnis verbunden wird, wichtig. Es geht um einen Erbstreit. Der Streit um das Erbe bringt Brüder gegeneinander auf, trennt die, die eigentlich zueinander gehören. Jesus soll, wie das von Rabbis erwartet werden konnte, vermitteln. Jesus antwortet mit der Mahnung vor jeder Form von Habgier. Es wird deutlich gesagt, was hier Habgier meint: daß ein Mensch den Sinn seines Lebens darin sieht, aufgrund seines großen Vermögens im Überfluß zu leben. Wo dieser Irrtum über den Sinn des Lebens Menschen befällt, werden Beziehungen dem Haben zum Opfer gebracht. Brüder werden zu Gegnern oder gar Feinden. Erbschaften trennen und entfremden. Gesellschaftliche Gruppen verlieren die Solidarität. Oder um das Bild vom Herzen neu aufzunehmen: Habgierige Herzen werden kalt, versteinern. Davon wissen auch unsere Märchen zu erzählen. Wahrscheinlich kennen wir alle Geschichten von Menschen, die in der Konzentration ihres Lebens auf ihre Habe innerlich verarmten. Wahrscheinlich kennen wir die Gefahr,

eher um die Sicherung unserer Lebensumstände als um den Reichtum unseres Herzens besorgt zu sein, auch von uns selbst.

Eigentlich könnte und müßte uns der Wohlstand, in dem viele von uns ziemlich sorglos leben dürfen, freimachen, uns um unser Reichwerden vor Gott zu kümmern. Statt dessen erfahren wir uns von einem Vielerlei umgeben, das uns vom einen Wichtigen ablenken will.

»Kaufe von mir Gold!«

Im letzten Buch unserer Heiligen Schrift finden sich einige kritische Briefe an Gemeinden. Sie sollen diese darauf aufmerksam machen, wo sie ihrer christlichen Berufung nicht entsprechen. Heilen und neu ins Leben rufen sollen diese Briefe. In dem Brief an die Gemeinde in Laodizea (Offb 3, 15-18) lesen wir: »Du behauptest: Ich bin reich und wohlhabend, und nichts fehlt mir. Du weißt aber nicht, daß gerade du elend und erbärmlich bist, arm, blind und nackt.« Begründet wird dies so: »Du bist weder kalt noch heiß. Wärest du doch kalt oder heiß! Weil du aber lau bist, weder kalt noch heiß, will ich dich aus meinem Mund ausspeien.« Das klingt sehr hart und bleibt nicht das letzte Wort. Ganz deutlich soll jedoch zunächst die Situation bzw. die Gefahr werden: Es gibt einen trügerischen Reichtum, der verbunden ist mit einem Leben, das nach nichts schmeckt, weil es lau ist, ohne bewegende Anliegen, ohne begeisternden Sinn, ohne hingebende Liebe. Wenn wir solche kritische Rede und die Mahnung unseres Gleichnisses in unsere Gesellschaft hineinhalten, hilft uns ein Schlechtmachen des Wohlstands der Vielen aus unseren Gefährdungen wohl nicht heraus. Die Gemeinde in Laodizea wird aufgefordert: »Ich rate dir: Kaufe bei mir Gold, das im Feuer geläutert ist, damit du reich wirst.« Die Liebe Gottes selbst ist die einzige wirklich harte Währung. An ihr können Herzen sich wärmen und reich werden. Wir feiern diese feuerbeständige Liebe im Tod und in der Auferstehung Jesu. Wenn wir uns durch sie beschenken lassen, empfangen wir Rettung aus der Gefahr, der Faszination der Dinge und Erlebnisse zu erliegen. Wir bekommen Geschmack an einem Reichtum vor Gott, den er selbst in uns wirkt in der Gabe seines Geistes.

19. Sonntag
Sich bereit halten
(Lk 12,35-40)

Leben in ständiger Bereitschaft?

Die Mahnung unseres Evangeliums, ständig in Bereitschaft zu leben, klingt nach Streß. Nicht den Gürtel ablegen, also in ständiger Dienstbereitschaft leben; die Lampen brennen lassen, also sich keinen Schlaf gönnen; ständig mit dem Einbruch von Dieben rechnen, also in der Spannung nicht nachlassen. Das kann man nicht leben, ohne sich dabei zu ruinieren. Das aber kann nicht der Sinn der Gleichnisreden Jesu sein. Keine Mahnung Jesu will unser Leben beeinträchtigen. Jedes Wort von ihm will vielmehr unserem Leben aufhelfen und es zur Entfaltung bringen. Die Frage ist: Wie ist eine ständige Bereitschaft zu verstehen, die unserem Leben dient?

Erfahrungen mit bewußt oder unbewußt gelebtem Leben

Vielleicht helfen uns Erfahrungen etwas weiter, die wir entweder selbst gemacht oder von denen wir gehört haben. Menschen, denen durch einen Unfall oder durch schwere Krankheit der Tod nahegekommen war und die aus dieser Situation ihr Leben wie neu geschenkt bekamen, berichten, daß es für sie wie ein Erwachen zu einem bewußteren Leben war. Lange konnten sie so dahin gelebt haben, ohne überhaupt bewußt wahrzunehmen, daß ihnen Tag für Tag Zeit zum Leben gegeben ist. Es gibt ein Leben mit herabgesetzter Bewußtheit, das dann nicht ganz lebendig ist. Noch eindrucksvoller berichten davon Menschen, die um die konkrete Begrenztheit ihrer Lebenszeit wissen. Die Monate oder Wochen, die ihnen bleiben, bekommen einen viel größeren Wert als die vorher wie selbstverständlich gelebte Zeit. Es gibt eine Wachheit für das Geschenk des Lebens, die nicht Streß ist. Begrenzte Zeit muß nicht unter Druck setzen. Sie kann allerdings wohl bewegen, Lebensmöglichkeiten nicht ungenutzt zu lassen und so wirklich lebendig zu leben. Negativ formuliert: In einem herabgesetzten Bewußtsein für die Gabe unseres Lebens können Menschen viele ihrer Lebensmöglichkeiten verschlafen, Beziehungen versäumen, Geschenke übersehen.

Erfahrungen mit einem erwartenden Leben

Noch näher an die Mahnung zu einem bereiten Leben, das doch nicht Dauerstreß meint, führen Erfahrungen, die wir mit Zeiten des Erwartens machen. Ein Besuch, der uns überfällt, kann schön sein. Es kann bei ihm aber auch etwas fehlen. Ist der Besuch angemeldet und können wir uns auf ihn einstellen, dann geraten wir in eine gute Anspannung. Sie setzt uns nicht unter Druck, sie macht uns vielmehr offen, schafft Raum für den Besuch auch in uns selbst. Wir werden bereit. So erzählen werdende Mütter und Väter von der Zeit der Erwartung ihres Kindes. Da leben sie in einer langsam sich steigernden Wachheit und Spannung, die ihr Leben, auch wenn sie auf manches verzichten müssen, nicht einschränkt, sondern es weitet, so daß es Raum wird für den Menschen, der bei ihnen Annahme finden soll.

In der Erwartung des Herrn

In ähnlicher Situation sieht uns die Gleichnisrede Jesu. Es geht nicht nur um eine Wachheit, in der wir die Kostbarkeit unseres Lebens nicht verschlafen. Es geht auch nicht nur um die Wahrheit, daß unsere Zeit begrenzt ist und wir nicht wissen, wann das Ende unserer Erdenzeit kommt. Es geht vor allem darum, erwartend und wachend bereit zu werden für das Kommen des Herrn. Es ist eine Adventsmahnung außerhalb der Adventszeit, die uns daran erinnert, daß die Adventszeit eben nicht eine Saison im Kirchenjahr, sondern die Qualität unserer ganzen Lebenszeit ist. So fremd uns das klingt, so wichtig ist die Erinnerung daran, daß uns unsere Zeit gegeben ist, um bereit zu werden und uns bereit zu halten für den Herrn.

Oft wird uns eher anderes wach und in Spannung halten. Der berufliche Weg ist zu suchen und zu gehen. Wohnungsnahme und Hausbau können Jahre beanspruchen. Das Zusammenleben in der Partnerschaft, die Annahme von Kindern und das Leben mit ihnen programmiert die sogenannten besten Jahre, und auch danach ist unser Leben mit Tagesordnungen gefüllt, die wenig damit zu tun haben, für das möglicherweise sehr überraschende Kommen des Herrn bereit zu sein. Das Leben nach der Weisung unseres Evangeliums kann uns da eher als etwas für Menschen erscheinen, denen die Nähe ihres Todes bereits angekündigt ist. Oder es kann uns als etwas für Ordensleute erscheinen, und zwar für Ordensleute, die sich nicht auf die Welt einlassen, sondern ganz in der

Erwartung des Herrn leben können. Das mag dann deren Berufung sein, aber nicht die aller Christen oder gar aller Menschen.

Offen bleiben

Wir alle sind mit der Mahnung zu ständiger Bereitschaft gemeint, das kann uns vielleicht eine andere Erfahrung eröffnen. Wir können in unserem beruflichen und familiären Leben, in unseren Beteiligungen an Politik und Kultur, beim Hausbauen und beim Haushalten ahnen, daß es uns im Grunde nicht genug ist, daß unser Leben ein Verlangen in sich trägt, das in alldem nicht zur Ruhe kommt. Wenn wir dem nachgeben, lassen wir uns nirgendwo nieder, bleiben auf dem Weg und halten uns offen. Offen halten können wir uns nur für Kommendes – als Christen sagen und bekennen wir: für den Kommenden. Es tut unserem Leben gut, wenn wir es offen halten. Dieses Offenhalten ist gemeint, wenn im Evangelium von dauernder Bereitschaft oder dem Wachsein gesprochen wird. Im Glauben bleibt es nicht bei einem offenen, aber sehr undeutlichen Ahnen, daß da noch etwas kommen soll; glaubend dürfen und sollen wir den Herrn erwarten, damit er alles, was er in der Zeit mit uns beginnt, der Vollendung entgegenführt. Diesen Horizont des Lebens dauernd wach im Bewußtsein zu haben, setzt nicht unter einen überanstrengenden Druck, sondern schenkt eine Hoffnung, die uns bereitet für die Fülle des Lebens.

Er wird sie am Tisch Platz nehmen lassen

Die Gleichnisrede unseres Evangeliums bricht an einer Stelle ins Unwahrscheinliche um. Die wachsamen Knechte wird der Herr am Tisch Platz nehmen lassen, er wird sich gürten und sie der Reihe nach bedienen. Daß sich so ein Herr benimmt und auf die Wachsamkeit seiner Knechte antwortet, das konnte niemand zur Zeit Jesu annehmen. Hier ist auch nicht irgendein Herr gemeint. Hier ist der Herr im Blick, der – so berichtet es das Johannesevangelium in der Szene der Fußwaschung – uns mit seinem ganzen Leben gedient hat. Wenn wir uns an seinem Tag, dem Tag seiner Auferstehung, wach und bereit versammeln, läßt er uns in Wahrheit hier an seinem Tisch Platz nehmen und bewirtet uns mit allem, was er hat und ist. Diese Erfahrung kann uns offen halten für ihn, der auf uns zukommt; sie kann uns in einer Wachheit und Bereitschaft halten, die uns lebendig leben läßt.

20. Sonntag
Zweierlei Frieden
(Lk 12,49-53)

Fauler Frieden

Friede ist nicht gleich Friede. Es gibt den faulen Frieden. Bei ihm ist es wie bei einem Apfel, der zwar ansehnlich aussieht, unter seiner Schale aber verdorbenes Fleisch hat. Faul ist der Friede, bei dem die Konflikte nicht ausgetragen, sondern übertüncht werden. Faul ist der Friede, bei dem Harmonie herbeigeredet wird, ohne daß man sich um Gerechtigkeit müht. Nicht besser ist der Friede, bei dem Militär und Polizei innere Unruhen unterdrücken, oder der Friede, der die Massen mit allerlei Unterhaltung bei Laune hält, damit sie für fremde Interessen mißbraucht werden können. Auch das Wort »Friede« gehört zu den großen mißbrauchten Menschheitsworten. Jesus meint den faulen Frieden, wenn er sagt, er sei nicht gekommen, den Frieden zu bringen. Die geläufigste Form des faulen Friedens, die ihm gar nicht lag, ist die, bei der man sich mit niemandem anlegt, es allen recht zu machen sucht, allen irgendwie recht gibt, alles gelten läßt und selbst nicht Stellung bezieht. An so einem faulen Frieden liegt den Großen; die Kleinen sind seine Opfer.

Das Feuer

Der Friede Jesu hat mit Feuer zu tun. Feuer steht als Symbol für extreme Gegensätze. Feuer ist eine vernichtende Macht. Nichts – außer Wasser – kann vergleichbar zerstörerisch wirken. Feuer ist eine wärmende und leuchtende Kraft. Sie kann gut tun, Leben erst ermöglichen. Wir leben vom Feuer der Sonne. Und Feuer ist eine läuternde Kraft. Die verbrennende Macht des Feuers kann eingesetzt werden, um in einem Rohstoff zu vernichten, was nicht hineingehört, und so das reine Material zu bekommen. So sprechen wir vom Feuer der Kritik und denken dabei an ein Geschehen, wo das, was diesem Feuer nicht standhalten kann, zusammenbricht, damit das hervortritt, was gilt und hält. So ein Feuer will Jesus auf unsere Erde werfen. Es ist das Feuer des Geistes, seines Geistes. Die Erde soll in Brand geraten, nicht damit sie vernichtet wird, sondern damit auf ihr das Leben neu hervorbricht.

Erfahrungen Jesu mit seiner Sendung

Fast immer hilft beim Verstehen der Worte Jesu die Frage, wie Jesus in ihnen von sich spricht. Wiederholt sagt Lukas, daß Jesus erfüllt oder ergriffen vom Heiligen Geist redet oder handelt. Feuer brennt in ihm. »Heiland«, also den, der uns heilt, reinigt, gut macht, nennen wir ihn wegen der läuternden Kraft seines Geistes. Er brennt die Krankheit, das Unreine, das Böse mit dem Feuer seiner Liebe fort. Das kann auf Widerstände stoßen. Man hat Jesus nicht so einfach in Frieden aus seiner Familie entlassen, als er dem Ruf seines Vaters im Himmel folgte. Als angeblich vom Wahn befallen wollte man ihn zurückholen. Und als er in der Heimat von seinem Auftrag Zeugnis gab, wollte man ihn den Berg hinab zu Tode stürzen. Überall war seine Rede so, daß sie Bewunderung und Gott lobendes Echo fand und zugleich todbringenden Haß auslöste. Jesus spaltete. Der Evangelist Johannes sagt es mit anderen Bildworten. Er spricht vom Licht, das in der Finsternis leuchtete; aber da gab es Menschen, die die Finsternis mehr liebten als das Licht. Dem wich Jesus nicht aus. Diese Spannung verdeckte er nicht mit dem Mantel eines faulen Friedens. Er konnte und wollte das Licht nicht verraten, das er selber war. Jesus war weniger erbaulich in dem Sinne, daß er für alles und alle ein gutes Wort hatte, als kritisch in dem Sinne, daß er offen legte, was dem Willen des Vaters entsprach oder zuwider war. Kritisch war er nicht nur mit seinem Wort, sondern auch mit seiner Praxis. Er gab Ärgernis. Manche ärgerten sich so über ihn, daß sie ihn nicht ertragen konnten.

Der Friede, in dem wir leben

Es ist ein großes Geschenk, daß wir seit 1945 in einer Region ohne kriegerische Auseinandersetzungen leben dürfen. Welche Chance es ist, so lange nur aufbauen zu können, tritt uns in Bildern der Zerstörung entgegen, wo uns von heutigen gewalttätigen Auseinandersetzungen in und zwischen Völker berichtet wird. Es ist auch ein großes Geschenk, in einem Rechtsstaat zu leben. Der Friede, der diesen Namen verdient, ist immer die Frucht der Mühe um Gerechtigkeit. Eben hier aber müssen wir Fragen zulassen, ob wir wirklich nur im Frieden leben oder doch auch in einem Zustand, der läuterndes Feuer dringend nötig hat. Die Geschichte des Sozialwortes der Kirchen zeigt, daß wir Auseinandersetzungen um Gerechtigkeit in unserer Gesellschaft brauchen, damit der innere Friede nicht faul wird. Die Spaltung der Menschheit in Zonen des Elends und des Wohlstands darf nicht Friede genannt werden, auch wenn die vielen im Elend uns noch nicht mit ihrem Aufstand bedrohen. Viele Privilegien der Männer werden auf Kosten der Frauen als Gesellschaftsordnung verteidigt und sind doch keine Ordnung. Nicht erst gegen den Mißbrauch von Kindern brauchen wir klare Fronten; jeder Mißbrauch von Menschen – auch von Erwachsenen – verletzt und entwürdigt. Wo das verharmlost wird, ist der Friede faul. Auch innerhalb unserer Kirche gibt es manchen faulen Frieden – z. T. amtlich verordnet. Auch wenn nicht alle Fragen des Kirchenvolksbegehrens von erstem Rang sind, unter den Teppich gekehrt werden sie ein ungutes Klima verstärken. Wo Menschen von Fragen bewegt sind, kann man nicht von einem amtlichen Oben erklären, daß dies keine Fragen sind. Da führt der Streit eher zum Frieden als das Schweigegebot.

Bei einem Theologen habe ich den Vorsatz gelesen, er wolle nur so von Gott sprechen, daß er dadurch Partei ergreift. Er begründete dies damit, daß der lebendige Gott schon in der Geschichte Israels und dann im Wort und Werk Jesu sich parteilich in unsere Geschichte eingemischt hat – eben, in der Sprache unseres Evangeliums, mit Feuer gegen die Versuche faulen Friedens. Dabei kann es nicht um Streitsucht oder um die Freude am Polarisieren gehen. Das Engagement Gottes für die Befreiung nach unserer Parteinahme ruft, wo Menschen unterdrückt werden, nach der Aufrichtung, wo Menschen erniedrigt und klein gehalten werden, nach Versöhnung, wo Haß geschürt und Schuld aufgerechnet wird, nach Barmherzigkeit, wo Kälte Menschen frieren läßt. Die Fronten sind in unserer Gesellschaft und Kirche nicht immer leicht auszumachen; aber es gibt sie; manchmal laufen sie sogar durch uns hindurch. Dann brauchen wir selbst das Feuer der Kritik, um dann auch wieder deutlicher zu sehen, wo wir aus dem Geist Jesu Partei zu nehmen haben – im Wort und in der Tat.

Unser Friedensgruß

Beim Friedensgruß vor dem Gang zum Tisch des Herrn können wir heute daran denken, daß wir einander nicht irgendeinen Frieden wünschen. Wir wünschen uns den Frieden des Herrn. Dieser Friede hat ihn das Leben gekostet. Als Auferstandener gab der Gekreuzigte diesen

Frieden seinen Jüngern. Es ist der einzige Friede, der diesen Namen verdient. Und wenn wir dann den Herrn als unseren Frieden selbst empfangen, können wir daran denken, daß das auch mit läuterndem Feuer zu tun hat. Wir nahen uns ihm mit der Bitte, daß er in uns überwindet, was weder unserem Frieden noch dem Frieden in unseren Beziehungen untereinander dient.

21. Sonntag
Mit allen Kräften
(Lk 13,22-30)

Die verweigerte Auskunft

Da ist einer neugierig. Möglicherweise kommt er aus einem theologischen Streitgespräch über die Frage, ob viele oder wenige gerettet werden und an der Freude der kommenden Welt Gottes teilhaben werden. Für ihn gibt es bisher keine befriedigende Antwort. Vielleicht kann Jesus Verläßliches dazu sagen. Jesus antwortet nicht mit einer Auskunft, sondern mit einer Mahnung: »Bemüht euch mit allen Kräften, durch die enge Tür zu kommen.« Jesus ist nicht gekommen, um uns Informationen über die zukünftige Welt zu geben; er ist gekommen, um uns auf den Wege in diese Welt zu rufen. Er selbst ist auf dem Weg – so fing das Evangelium unseres Sonntags an. Sein Evangelium ist nicht dazu da, alle möglichen und evtl. auch unmöglichen Fragen über Gott zu beantworten, sondern um uns das Licht zu geben, in dem wir unseren Weg gehen können und sollen. Es ist wie mit der ähnlichen, immer wieder unter Theologen und in Gemeinden aufbrechenden Frage, wie es mit der Hölle ist. Ist es nur eine Möglichkeit, daß Menschen ihr Leben ewig verfehlen, oder machen sich Menschen auch tatsächlich mit harten Herzen auf ewig unerreichbar für die Liebe Gottes? Die Antwort darauf weiß nur Gott selbst. Für uns ist sie nicht wichtig. Für uns ist entscheidend, daß wir den Weg finden und gehen, den Jesus uns vorangeht in die Liebe des Vaters. Nicht Neugier oder theologischer Disput retten uns, sondern Nachfolge. Darum verweigert Jesus die Antwort.

Die enge Tür

So bleibt uns die Mahnung. Sie kann uns ängstigen. Dann ist sie allerdings falsch verstanden. Evangelium und Angst gehören nicht zusammen. Aber das Evangelium drängt uns, unser Leben mit seinen uns von Gott eröffneten Möglichkeiten ernst zu nehmen. Es spricht uns zu, daß nicht gleichgültig ist, was wir tun und lassen, wie wir mit anderen und mit uns umgehen. Es spannt unsere Kräfte, wenn wir vor einer Aufgabe stehen, durch die sie herausgefordert sind. Das Bild der engen Tür wird uns nicht vor Augen gestellt, damit wir möglicherweise resignieren und uns abwenden, weil wir uns in dem Gedränge kein Durchkommen zutrauen. Es soll uns vielmehr nahebringen, daß das Leben, das uns im Evangelium vorgelegt wird, nichts für Halbherzige ist.

Das Bild von der Mühe, durch die enge Tür zu gelangen, benennt eine gerade in unserer Gesellschaft vertraute Erfahrung. Es gab einmal Lebensumstände, in denen Menschen ein Mitläufertum nahegelegt wurde. Sie lernten leben, wie man lebt. Das Tor zu ihrem Leben schien breit. Man konnte sich einer großen Gruppe von Mitwandernden anschließen. Das Leben in unserer pluralen, also nicht mehr einheitlichen, sondern von unterschiedlich ausgerichteten Wandergruppen und Einzelwanderern geprägten Gesellschaft wird stärker als Herausforderung erfahren, zu unserem eigenen Leben zu kommen. Wo wir alles laufen lassen, wie es läuft, kommen wir nicht zu unserem Leben, bekommt unser Leben keine Gestalt. Unser eigenes Leben liegt nicht vor uns wie ein großes Tor, durch das wir uns einfach von der Menge mittragen lassen können. Es gleich eher der engen Pforte, die wir nur durch Aufmerksamkeit finden und durch die wir nicht ohne Mühe zu unserem Leben kommen. Wo das, was hinter der Pforte liegt, fasziniert, also uns mit Macht anzieht, ist die Mühe um den Durchgang keine Last, sondern sinngebende Chance.

Mit aller Kraft

Ähnlich ist positiv gemeint, daß wir uns mühen sollen mit aller Kraft. Es gab einmal Vorstellungen von einem gestuften Christentum. Es gab einen Stand der Vollkommenheit, in der Menschen gleichsam mit Haut und Haaren dem Evangelium lebten. Und daneben gab es die Menschen, die sich gleichsam teilten. Etwas gehörten sie dem Evangelium, und etwas – unterschiedlich viel – gehörten sie der Welt, die ja auch Kräfte braucht, damit wir in ihr leben können. Auf den ersten Blick kann diese Unterscheidung als weise und realistisch erscheinen. Bei näherem Hinsehen wird schnell deutlich, daß hier Menschen als Christen mit höherem oder niederem Wert eingestuft werden. Die Unterscheidung ist nicht barmherzig, sondern erniedrigend. Nicht zuletzt wirkte sich dies aus in der Zuordnung von ehelichem und ehelosem Leben. Christsein in der Ehe kann als halbherzig abgewertet, Christsein ohne Ehe als Weg ungeteilter Liebe aufgewertet werden. Dagegen wehren wir uns heute. Kein Mensch will halbherzig leben. Auch wenn wir leider häufig halbherzig leben, machen wir es doch nicht zu unserem Ideal.

Das Wort von der Mühe mit aller Kraft greift zurück auf das, was schon Israel gesagt wurde:»Du sollst den Herrn, deinen Gott, lieben mit ganzem Herzen, mit ganzer Seele und mit ganzer Kraft.« (Dt 6,5) Damit wird nicht eine erdrückende Last auferlegt, sondern ein Schatz mitgeteilt, dem der Mensch nur entsprechen kann mit der Antwort eines ungeteilten und ganzen Lebens. Gott sucht den ganzen Menschen mit dessen ganzer Seele und allen seinen Kräften. Das ist frohe Botschaft. Sie wird von Jesus neu zugesagt. Er ist die bis zum letzten gehende Liebeserklärung Gottes an den Menschen. Sie schenkt sich allen Kräften des Menschen – auch seiner Kraft, Politik, Kultur und Wirtschaft zu gestalten, auch seiner Kraft, verbindende und verbindliche Liebe sexuell zu geben und zu empfangen, auch seiner Kraft, Kinder anzunehmen und ihnen ins Leben zu helfen. Darum beansprucht die Liebe Gottes, die durch die enge Pforte hindurch in Ewigkeit sich zusagt, auch alle Kräfte des Menschen. Die Liebe Gottes in Jesus Christus schenkt und erwartet, daß Menschen ihr in allem und mit allen Kräften antworten. Rechnerei hat angesichts dessen, worum es geht, keinen Platz, und wahrscheinlich gründet hier das Ausweichen Jesu vor der neugierigen Frage. Hinter ihr mag ein Verlangen gestanden haben, die Chancen ewigen Lebens ausrechnen zu können. Gott nimmt die Menschen in ihrer Fähigkeit zu lieben ernster, als Menschen dies tun, wenn sie ihr ewiges Gelingen kalkulieren wollen.

Gott ganz begegnen

In unserer Versammlung zur sonntäglichen Eucharistie öffnet Gott – um die Bildsprache unseres Evangeliums aufzunehmen – das Tor zu sich nicht nur sehr weit. Er tritt in der Hingabe Jesu gleichsam aus diesem Tor heraus hinein in unser Leben. So will er selbst in uns der Weg durch die enge Pforte werden. Dieser Hingabe entsprechen wir nicht, wenn wir ihr wie nebenher, mit geteiltem Herzen, mit halber Kraft begegnen. Auch wenn wir nicht immer ganz dasein können, wenn wir eher selten unsere ganze Kraft sammeln können, so soll doch unsere Aufmerksamkeit und Mühe darauf gerichtet sein, daß wir ganz erreicht und in allen unseren Kräften erneuert werden. Nur so gehen wir in rechter Weise mit der Liebe Gottes und mit unserer Berufung um.

22. Sonntag
Versammlungspraxis von Christen
(Lk 14,1.7-14)

Lukas schreibt für eine christliche Gemeinde

Die beiden Belehrungen unseres Evangeliums haben eine Situation gemeinsam: Einladungen zu einem Gastmahl. Sicher zielen sie ursprünglich auf private Einladungspraxis bzw. auf das Verhalten von Gästen. Der Evangelist Lukas schreibt aber für eine christliche Gemeinde und denkt bei der Überlieferung der Worte Jesu daran, wie die Gemeinde lebt. Vielleicht tut es uns gut, die Belehrungen Jesu einmal nicht als Mahnung bzw. Korrektur für uns privat-individuell zu hören, sondern im Blick auf unsere Kirche bzw. darauf, wie wir in unserer Gemeinde – auch gerade jetzt – leben.

Rangordnungen

Von sehr vielen Veranstaltungen kennen wir es, daß eine Ordnung der Plätze eine abgestufte Wertschätzung der Besucher zum Ausdruck bringt. Das fängt bei Ehrenplätzen an, geht über mehr oder minder geachtete Ränge und endet bei den hinteren Plätzen, die nicht selten als Stehplätze eingerichtet sind. Platzordnungen sind dabei oft Spiegel von Gesellschaftsordnungen. Viele unserer älteren Kirchen lassen ein ähnliches Bild erkennen. Fast immer können wir Spuren eines dem Altar nahen Klerus erkennen, während das gemeine Kirchenvolk dem heiligen Geschehen aus der Ferne beiwohnte. Dazwischen oder im Stockwerk darüber gab es in vielen Kirchen die Loge für den am Ort bestimmenden Fürsten. Nicht selten hatte er die Kirche gesponsert und nahm dafür entsprechende Ehren in Anspruch. Auch im Kirchenschiff gab es Gliederungen. Wohlhabende Bauern konnten sich einen guten Platz kaufen. Knechte und Mägde fanden sich eher in den Seitenschiffen wieder. Kaum jemand konnte wagen, die etablierte kirchliche Sitzordnung zu durchbrechen. Damit fiel er aus der Ordnung heraus.

Die christliche Alternative

Diese Ordnung war nicht christlich. Lukas denkt an eine andere Gemeinde. Eine wirksame Korrektur wäre es schon gewesen, wenn er eine Weisung Jesu zur Abschaffung von Rangordnungen weitergegeben hätte. So wie etwa in der französischen Revolution durchaus im Wirkfeld des Evangeliums Gleichheit und Brüderlichkeit ausgerufen wurden. In der christlichen Gemeinde haben alle durch ihre Taufe die gleiche Würde, den gleichen Rang, sind sie einander auf der gleichen Stufe Schwestern und Brüder. Das reichte Lukas nicht, wenn er die Botschaft Jesu bedachte. Der Evangelist denkt an eine Versammlung zum Mahl, bei der alle eher nach unten statt nach oben drängen. Das Urteil, wer wohin gehört, steht den Betroffenen selbst nicht zu. Jeder hat mit dem positiven Verdacht zu leben, daß die andere oder der andere höher zu schätzen ist als er selbst. Im Gastgeber, der nach oben ruft, scheint der Herr selbst durch, der allein in das Innere des Menschen sieht und dem allein es zusteht, seinen Gästen Plätze anzuweisen. Daß frühe christliche Gemeinden zu gegenseitiger Hochschätzung gemahnt wurden, finden wir z. B. auch im Philipper-Brief. Die Gemeinde soll dadurch ihre Christlichkeit erweisen, daß sie nichts aus Ehrgeiz und nichts aus Prahlerei tut. »Sondern in Demut schätze einer den anderen höher ein als sich selbst.« (2,3)

Heilung durch die Erniedrigung Jesu

Eine ganz wichtige Erinnerung verband sich den Christen damit. Sie erfuhren sich und die Welt geheilt durch den Weg Jesu in die Niedrigkeit, in die Niedrigkeit nicht nur des Menschseins, sondern sogar des Sklaveseins und des Sterbens am Kreuz. Das sahen sie als das eine wirksame Gegengift zu dem, woran die Menschheit todkrank war und wovon sie bis heute gezeichnet ist. Die Menschheit leidet unter der furchtbaren Sucht, daß einer über den anderen zu kommen und den Nächsten darin unter sich zu bekommen sucht. Rivalität beherrscht schon viele Kinderzimmer. Dem Weg nach oben werden Menschen geopfert. Es gibt Eitelkeiten, über die man lachen oder schmunzeln kann; aber es gibt auch einen todbringenden Größenwahn. Das Gegengift ist der Weg Jesu nach unten. Daran wird die Gemeinde in Philippi in der zitierten Mahnung erinnert. Und es heißt dann dort weiter: »Darum hat Gott i h n über alle erhöht und ihm den Namen verliehen, der größer ist als alle Namen.« (Vers 9) Nicht der Name, den Menschen sich selbst machen, gilt vor Gott, sondern der Name, den Gott verleiht. Viele Namenlose gelten vor ihm höher als andere mit ihren Titeln, Orden und Ehrenzeichen. Das muß das Bewußtsein und die Praxis christlicher Gemeinde prägen. Nur so wirkt sie heilend in einer Gesellschaft, die daran krankt, daß Menschen sich erhöhen, indem sie andere erniedrigen.

Offene Gemeinde

Die christliche Alternative mahnt Lukas weiter an im Blick auf die Gewohnheit, daß Menschen sich gerne mit ihresgleichen versammeln. Da gibt es ein angenehmes Gleichgewicht von Geben und Nehmen. Da gibt es gegenseitige Bestätigung im Klima der Gleichgesinnten und Gleichgestellten. Auch dadurch wird die Gesellschaft geordnet. Sie wird allerdings so geordnet, daß die einen dazugehören und die anderen nicht. In vielen Gesellschaftsordnungen werden Menschen ausgesondert. Das gilt auch für unsere Gesellschaft. Es gilt auch für weite Bereiche kirchlicher Praxis. Dabei ist nicht an die Aussonderung aufgrund fehlender gemeinsamer Christlichkeit gedacht. (Das wäre ein eigenes Thema.) Es gibt christliche Gemeinden, die so von mittelständischer Bürgerlichkeit geprägt sind, daß Menschen, die gesellschaftlich darunter angesiedelt werden, die weniger gepflegt leben, die eine weniger ausgeprägte Ästhetik haben, sich dort nicht wohl fühlen können. Kirche kann die gesellschaftliche Gliederung wiederspiegeln statt sie zu durchbrechen. Sie lebt dann nicht mehr die Botschaft, in der der lebendige Gott die an seinen Tisch ruft, die draußen sind. Wie tief die Spaltungen in unserer Gesellschaft sein können, erfahren wir in den zuzugestehenden großen Schwierigkeiten, in unseren Gemeinden die Offenheit für die Schwachen, am Rande Lebenden, von sich selbst und anderen nicht mehr Geachteten nicht nur zu wollen, sondern auch tatsächlich zurückzugewinnen. Es hat sich viel zwischen sie und uns gedrängt. Wenigstens eines ist für unsere Christlichkeit unverzichtbar: das Verlangen nach Gästen von unten und draußen, ein Verlangen, das uns wieder den Weg zu ihnen zeigen kann.

Vorbild des Gastmahls Gottes

Unsere Versammlungen sind nicht mehr durch die Spaltungen von Klerus und Kirchenvolk geprägt. Unsere Plätze suchen wir wohl auch nicht mehr nach der Selbsteinschätzung unserer Ränge, sondern unter der Frage, wo wir gut teilhaben können an unserer Feier. Es bleibt die Mahnung zu gegenseitiger Hochschätzung. Und es bleibt die Mahnung, offener und einladender zu werden für Menschen, die weder gesellschaftlich noch kirchlich zu uns gehören. Unsere Versammlungen am Tisch unseres Gottes sollen nicht nur abbilden, in welcher Ordnung wir leben. Sie sollen vorbilden das Gastmahl, in dem Gott alle seine Menschenkinder bei sich vereint und durch seine Liebe einzigartig liebenswert macht. Da ist dann endgültig Schluß mit herabstufenden Rangordnungen und ausgrenzenden Zuordnungen.

23. Sonntag
Mit Jesus auf dem Weg
(Lk 14,25-33)

Es geht um Jüngerschaft

Das Evangelium unseres Sonntags können wir uns fernhalten, wenn wir es als Anweisung verstehen für solche, die überlegen, ob sie ins Kloster gehen oder sich der Schwesterngemeinschaft der Mutter Theresa anschließen sollen. Dann geht es ja darum, alle familiären Bindungen aufzugeben und auf allen Besitz zu verzichten. Wer Priester werden will, muß noch nicht so radikal kalkulieren. Immerhin darf er einiges besitzen, und mancher hat Mutter oder Schwester bei sich, die ihm leben helfen. Nach dem Wortlaut des Evangeliums geht es aber nicht um Sonderberufungen in der Kirche, sondern um Jüngerschaft. Die Worte Jesu sind also an alle gerichtet, die Christen sein oder werden wollen. Ob man sich darauf einlassen kann – Vater und Mutter, Frau und Kinder, Schwestern und Brüder, ja das eigene Leben gering achten, sein Kreuz tragen, allen Besitz loslassen –, das soll sich also wohl überlegen, wer sich taufen lassen will. Eltern sollen sich das gut überlegen, ehe sie ihr Kind taufen lassen, ob sie das für ihr Kind wollen. Und wir Getauften müssen uns fragen, ob wir das leben. Dazu müssen wir näher zu verstehen suchen, worum es geht.

Der Weg Jesu

Seine Worte über die Jüngerschaft spricht Jesus auf seinem Weg nach Jerusalem. Er hat alle familiären Bindungen aufgegeben. Er trägt keinen Besitz mit sich. Ihm ist der Wille des Vaters wichtiger als das Festhalten seines Lebens. Er wird sein Kreuz auf sich nehmen und seinen Weg in den Tod gehen. Und dann wird er den Jüngern auf ihrem Gang nach Emmaus begegnen und ihnen erschließen:»Mußte nicht der Messias all das erleiden und so in seine Herrlichkeit eingehen?«(Lk 24,26) Das ist für uns wichtig. Zuerst ging es um den Weg Jesu, der alles losließ und so für uns den Tod zum Weg machte in die Heimat beim Vater. Nur im Blick auf ihn und seinen Weg erreicht uns das Evangelium. An seinem Anfang hörten wir:»Viele begleiteten ihn.« Diesen Vielen will Jesus sagen, was es heißt, mit ihm zu gehen bis in die Heimat beim Vater.

Taufe – Übernahme des Weges Jesu

Weil wir wohl fast alle als Säuglinge getauft wurden, haben wir es nicht mitbekommen; aber es muß uns gesagt werden: Wir wurden in unserer Taufe in den Tod gehalten; es wurde dargestellt, daß unser Leben Weg in den Tod ist; es wurde uns aber auch zugesagt und gegeben, daß wir diesen Weg hinter Jesus her und mit ihm gehen dürfen und sollen, und daß dann der Tod die Pforte zum Leben ist – zu einem Leben, das schon hier und heute in der Liebe beginnt und durch den Tod hindurch seine alle Sehnsucht erfüllende Vollendung finden soll. Darum können wir in der Gemeinschaft der Glaubenden von unserem Tod sprechen. Wir müssen ihn nicht verschweigen und verdrängen.

Ruf in die Wahrheit unseres Lebens

Das für uns wohl immer wieder Befremdliche der Worte Jesu über die Jüngerschaft verändert sich, wenn wir zulassen, daß unser aller Weg in den Tod führt und daß wir in ihm alles werden lassen müssen. Wir werden Vater und Mutter, wenn sie dann noch leben, lassen müssen. Wir werden nichts von unserem Besitz auf die letzte Wegstrecke mitnehmen können. Wir werden um das letzte Kreuz unseres Todes nicht herumkommen. Wir werden unser Leben lassen müssen. So gesehen sind die Worte Jesu zunächst Ruf in die Wahrheit unseres Lebens. Sie sollen uns nicht belasten, sondern befreien. Denn ob wir das alles lassen können, woran wir doch hängen – die uns nahen Menschen, unsere Häuser und Gärten, ja unser Leben –, ob wir also unseren Tod annehmen können, das hängt davon ab, was wir durch unseren Tod hindurch vor uns sehen. Jesus sagt diese Worte auf seinem Weg nach Jerusalem, auf seinem Weg durch den Tod hindurch in die Herrlichkeit. Auf diesen Weg ruft er uns: in den Reichtum der Liebe beim Vater, in das Fest ohne Abschied, in das Leben ohne Tod, in die Freude ohne Tränen.

Habt einander, die Dinge, euer Leben nicht wie Letztes!

Es ist gesund, wenn wir an den uns wichtigen und vertrauten Menschen hängen, wenn uns unsere schönen und nützlichen Dinge wertvoll sind, wenn wir die Freude und nicht das Leid suchen, wenn wir an unserem Leben festhalten und in Krankheit sogar darum kämpfen. Unser Leben ist ein großer Wert. Die Menschen, die wir lieben, sind kostbare

Geschenke, und es gibt auch wertvolle Dinge. Die Frage ist, wie wir daran hängen. Wenn wir daran hängen wie an Letztem – an unserer Familie, an unserer Habe, an unserem Leben –, wenn uns das alles ist, dann steht unser Tod, in dem wir das alles werden lassen müssen, vor uns wie das grausame Ende, wie ein Abschied ins Nichts. Wenn uns Menschen, die wir lieben, unsere Habe, unser Leben alles ist, dann liegt es nahe, den Tod aus unserem Bewußtsein zu drängen, damit er nicht unser Leben vergifte. Jesu Ruf, als seine Jünger Familie, Besitz und unser Leben gering zu achten, meint nicht, daß wir ihren Wert nicht sehen dürfen. Er meint zuerst positiv: Traut meinem und eurem Vater zu, daß er nicht nur diese ersten Geschenke an euch hat, sondern auch das letzte Geschenk, auf das alle ersten Geschenke hinweisen wollen. Habt eure Familien, eure Habe, euer Leben nicht wie Letztes. Laßt euch das nicht erst mit Gewalt in eurem Tode nehmen. Habt einander, die Dinge und euer Leben schon jetzt wie einen Vorgeschmack auf das, womit der Vater euer Herz endgültig füllen will. Dann könnt ihr um dieses Schatzes willen auch schon in eurem Leben mit der Wahrheit eures Todes leben. Der Tod braucht euer Leben nicht zu verdunkeln; habe ich ihn doch für euch zum Weg gemacht. Wir können die Worte Jesu über die Jüngerschaft vielleicht so zusammenfassen: Wer seinen Tod nicht annimmt, kann mein Jünger nicht sein. Oder positiv: Wer mein Jünger wird, also die Gemeinschaft mit meinem Weg sucht, gewinnt im Glauben an meinen Gott und Vater die große Hoffnung, daß er durch seinen Tod die Heimat findet, nach der sein Herz verlangt und die allein alle Sehnsucht beantwortet.

Befreiender Glaube

Jüngerschaft wird für einige in der Kirche immer auch den Auszug aus der Familiengemeinschaft, die Aufgabe allen Besitzes, das Erleiden von Verfolgung und Martyrium bedeuten. Diese Schwestern und Brüder erinnern uns daran, daß wir alle als Getaufte auf dem Weg mit Jesus sind. Wenn wir in Familien leben, tut es unseren Beziehungen gut, wenn wir einander nicht wie Letztes haben. Unser Besitz verliert seine beherrschende Macht über uns, wenn wir unseren »Schatz im Himmel«, also beim Vater, der uns im Tod erwartet, haben. Keiner lebt ohne Kreuz. Es ist eine Gabe, wenn wir das unsere nicht nur als Last, sondern auch als Chance der Gemeinschaft mit Jesus tragen. Wir alle müssen unser

Leben lassen. Es befreit, diese Wahrheit nicht tabuisieren zu müssen, sondern sich im Tode in der Gemeinschaft mit Jesus dem Vater anvertrauen zu dürfen.

Wir feiern unseren Weg

Wir sind zusammen, um den Weg Jesu zu feiern. Seinen Tod verkünden wir und seine Auferstehung preisen wir. Er, der den Weg vor uns hergegangen ist, verbindet sich uns, um in uns die Kraft für unseren Weg zu sein. Er läßt uns unseren Sonntag feiern, den Tag, an dem er uns den Tod zum Weg gemacht hat. Der Dank, den wir dafür sagen, kann uns mit erneuerter Hoffnung in unsere Woche gehen lassen.

24. Sonntag
Die Einladung sich mitzufreuen
(Lk 15,1-10)

(Zu Lk 15, 11-32 s. 4. Sonntag der österlichen Bußzeit.)

Der Schmerz verloren zu haben

Die Freude des Hirten wie die Freude der Frau in den beiden langen Fragen unseres Evangeliums können wir wohl nur mitvollziehen, wenn wir vorher eine Ahnung entwickeln, was für sie der Verlust bedeutete. Wir haben wohl alle Erfahrungen mit mehr oder minder schweren Verlusten. Kam uns etwas wirklich Wichtiges abhanden, dann kennen wir die Not, in die wir dadurch geraten. Durch Verlust – nicht nur eines uns wichtigen Menschen – kann uns ein Teil unserer Welt zusammenbrechen. Finden wir das Verlorene dann wieder, dann ist dies eine Erlösung. Freude bricht auf. Wir werden es kennen, daß man diese Freude gerne anderen zeigen und mit ihnen teilen möchte. Noch einmal: Verstehen kann man das nur, wenn man etwas von der Not des Verlustes ahnt. Für den Hirten in der ersten Frage Jesu ist es ganz wichtig, seine Herde vollständig zu hüten. Wenn ihm auch nur ein Schaf verloren geht, hat er seine Aufgabe insgesamt nicht erfüllt. Was er sollte und wollte, ist ihm nicht gelungen. Dieser Verlust kann die 99 Schafe, die er bewahrte, unwichtig machen. Es kann das eine Schaf Vorrang bekommen. Wenn es wiedergefunden ist, kann die Freude daran den Hirten ganz erfüllen. Ähnlich ist bei der Frau an eine arme Frau zu denken, die kaum Bargeld kennt. Jede auch noch so kleine Münze kann für sie ein Schatz sein, ihr Anteil an der sonst den Reichen vorbehaltenen Geldwirtschaft. Der Verlust dieses vielleicht mühsam erworbenen und mit Sorgfalt gehüteten Anteils kann die Frau in Panik stürzen. Ein Verlust schmerzt tief, wenn es um etwas geht, woran man sehr hängt. Entsprechend groß ist die Freude beim Wiederfinden.

Gott hängt an allen, die er ins Leben rief

Die Freude des Himmels, von der Jesus spricht, verstehen wir auch nur, wenn wir vorher eine Ahnung entwickeln, was im Himmel angesichts der Sünde ist, durch die Menschen in den Tod laufen. Himmel steht dabei für Gott. Ehrfürchtig wird vermieden, Gott menschliche Gefühle zuzuschreiben. Jesus weiß sich mit dem Himmel oder, in aller Ehrfurcht gesagt, mit dem Vater eins, wenn er Trauer und Schmerz empfindet, wo Menschen ihr Leben ruinieren. Er ist gewiß, daß das für den Vater einen Verlust bedeutet. Aus seiner Vertrautheit mit dem Vater ist es ihm wie dem Vater alles andere als gleichgültig, was die Menschen mit sich machen. Er hängt an ihrem Leben, und darum kann er nicht unberührt davon bleiben, wenn sie dieses Leben verlieren.

Der Schöpfer und Freund des Lebens

Von diesem Geheimnis in Gott ist nicht erst Jesus durchdrungen, sondern schon die ganze Geschichte Israels, in der Jesus als Jude steht. Es kann gut sein, sich etwas davon in Erinnerung zu rufen. Schon in der Erzählung vom Anfang begegnet uns eine Inkonsequenz Gottes vertraut, die wir allerdings als Selbstverständlichkeit oft übersehen: Die Sünde des Menschen im Paradies sollte den Tod zur Folge haben. Die Menschen aber bleiben am Leben. Ähnlich ist es am Ende der Flutgeschichte. Obwohl auch nach der Flut die Menschen gegen ihre Berufung handeln, sagt Gott zu, daß er nicht auf neue Vernichtung aus ist. Er setzt den Bogen in die Wolken zum Zeichen, daß er gegen Sünde und Tod für das Leben entschieden ist. Israel muß oft die Erfahrung mit dem todbringenden Weg der Sünde machen und bekommt doch das Leben immer wieder neu geschenkt. Gericht wird immer angekündigt, damit die Menschen umkehren zum Leben. In der Jona-Erzählung ärgert sich der Prophet darüber, daß Gott eine Stadt, die den Tod verdient hat, begnadigt. Gott rechtfertigt sich am Ende mit einer Frage, die der unseres Evangeliums ähnlich ist: »Sollte mir nicht leid sein um Ninive, die große Stadt, in der mehr als hundertzwanzigtausend Menschen leben?« (4,11) Dabei wird vorausgesetzt, daß die Menschen von Gott selbst ins Leben gerufen sind. Wenn sie zugrunde gehen, sollte das den, der sie einmal wollte, unberührt lassen? Den Propheten Ezechiel läßt Gott sagen: »Ich habe doch keinen Gefallen am Tod dessen, der sterben muß. Kehrt um, damit ihr am Leben bleibt.« (18,32) Das klingt wie eine Bitte, die Gott auch um der Freude des Himmels willen ausspricht. In bewegender Weise spricht das Weisheitsbuch davon, daß Gott aus Liebe ins Leben gerufen hat und daß sein Erbarmen damit zu tun hat, daß er dem Tod nicht überlassen kann, woran er hängt. Ein wichtiger Satz aus diesem Buch ist: »Du schonst alles, weil es dein Eigentum ist, Herr, du Freund des Lebens.« (11,26) Die ganze Schöpfung und insbesondere die Menschen in ihr sind Eigentum Gottes, ihm auf geheimnisvolle Weise wichtig. Davon etwas zu verlieren, läßt den Himmel nicht unberührt.

Wie Wahrheit verstellt werden kann

Die Gesprächspartner Jesu hätten dessen Mühe um die Sünder also aus ihrer eigenen Überlieferung heraus verstehen können und müssen. Ihnen aber waren andere Teile ihrer Überlieferung so wichtig geworden, daß sie die Spuren, die wir eben vergegenwärtigten, nicht mehr sahen. Ihnen war vor allem wichtig geworden, sich selbst rein zu halten und darum jede Berührung mit der Sünde und mit Sündern zu meiden. Das zutiefst Schlimme dabei war, daß sie keine Trauer empfanden, wenn sie sahen, wie Menschen ihr Leben verfehlten. Dadurch wurde der Gott ihnen fremd, der mit ganzem Herzen – so dürfen wir sagen – am Leben seiner Menschen hängt. Diesen Gott, seinen Vater, mußte Jesus neu und alle bisherige Überlieferung noch überbietend unter die Menschen und besonders unter die dem Tod nahen Sünder bringen. Er muß uns diesen Gott immer wieder nahebringen, wo wir eine Kirche werden, die das Erbarmen Gottes nicht mehr teilt.

Die Freude am Tag des Herrn

Wir sind zusammen zur Feier des Tages, an dem Jesus, unser Herr, durch den Tod hindurch den Weg in seine Herrlichkeit beim Vater gegangen ist. Mit dem Bild von der Heimkehr des Sohnes zum Vater ist von Anfang an die Vorstellung verbunden, daß er nicht allein zurückkehrt. Er bringt vielmehr dem Vater die Vielen zurück, die ihm gehören und die ihm verloren gegangen waren. Die Fragen unseres Evangeliums sprechen von einer Freude im Himmel, die schon mit der Umkehr von Sündern in dieser Zeit beginnt, die aber ihre eigentliche Fülle erreicht, wenn alle und alles in Gott versöhnt ist. Wir sind eingeladen, diese Freude des Vaters über das Wiederfinden zu teilen. Nur mit einem Herzen, das trauert, wo es sieht, wie Menschen ihr Leben zerstören, und sich mit Gott freut, wo sie sich auf den Weg wahren Lebens rufen lassen, nur mit einem sich mit Gott über die Heimkehr der Sünder freuenden Herzen werden wir fähig für die Freude des Himmels. Die Freude an Gott, die wir am Tag des Herrn miteinander teilen, ist Freude mit ihm, dem Freund des Lebens, der in Jesus dem Tod seine Beute entrissen hat.

25. Sonntag
Klug leben im anvertrauten Wohlstand
(Lk 16,1-13)

Leben in einer vergleichsweise reichen Gesellschaft

Auch wenn das Evangelium an alle Jünger damals und damit an uns alle
gerichtet ist, spricht es zu uns nicht unterschiedslos. Wir haben unterschiedlichen Anteil am Wohlstand unserer Gesellschaft. Die meisten
von uns dürften in einer breiten Mitte zwischen denen leben, die sehr
rechnen müssen, um auszukommen, und denen, die sich Sorgen
machen, wie sie mit ihrem Überfluß umzugehen haben. Wir sind nicht
auf die gleiche Weise davon bedroht, dem Mammon zu dienen. Dennoch leben wir gemeinsam in einer vergleichsweise reichen Gesellschaft. Das dürfen wir auch vom Evangelium her zunächst durchaus als
gut betrachten. Reichtum ist keine Sünde, wenn er gerecht erworben
bzw. selbst erarbeitet ist. Ob das bei unserem Reichtum der Fall ist, sei
hier dahingestellt. Wenn ja, dann bleibt die kritische Frage nach dem
evangeliumsgemäßen Umgang mit dem uns anvertrauten Wohlstand.

Sehen, was klug ist

Die ärgerliche Geschichte von dem Verwalter, der erst das anvertraute
Gut veruntreut und sich dann auch noch mit Betrügereien eine Vorru-
hestandsrente verschafft, erzählt Jesus, um zur Klugheit zu mahnen.
Klug ist der Verwalter, weil er seine letzte Chance nutzt. Auch wir sollen
die Chancen nutzen, die uns gegeben sind. Es ist an eine Einstellung
und an ein Handeln zu denken, von dem wir durchaus etwas haben.
Klugheit mutet nicht einfach Selbstlosigkeit zu. Nein, wir dürfen und
sollen Interesse an unserem Leben haben, dürfen und sollen sogar wollen, daß es uns gut geht. Es ist also zu fragen, wie wir mit dem uns anvertrauten Wohlstand so umgehen, daß es uns dabei wirklich gut geht.
Klug, in unserem Interesse handeln wir nur, wenn wir unsere Situation
richtig einschätzen und daraus die richtigen Folgerungen ziehen. Das
tat der Verwalter. Und dieses sollen wir ihm nachtun.

Die Situation

Wir befinden uns nach der Botschaft Jesu ähnlich wie der Verwalter in einer Situation der Krise. Wir leben in einer Welt, die vergeht. Jesu Botschaft ruft uns in eine Welt, die kommt. Die Orientierung kann uns schwer werden, weil beide Welten ineinander verschlungen sein können. Dabei stehen sie zutiefst gegeneinander. Da ist die eine Welt, die vom Mammon beherrscht wird. Gemeint ist damit eine Welt, in der die Menschen in der Sucht, möglichst viel Habe zu sammeln, unfähig sind, am Leben der anderen ebenso interessiert zu sein wie am eigenen Leben. Es ist eine Welt, in der gegeneinander gerüstet und gekämpft wird. Eine Welt, in der Macht mißbraucht wird, um Menschen ohne Macht auszunutzen und zu erniedrigen. Es ist eine Welt, in der Menschen dem Profit geopfert werden. Kein Realist wird diese Welt leugnen können. Sie reicht in alles hinein, was uns umgibt. Viele uns bedrängende Nachrichten sind Nachrichten aus dieser Welt. Aber die andere Welt kommt. Es ist die Welt, in der Menschen die Augen geöffnet sind für den anderen als Schwester oder Bruder. Es ist die Welt, in der der Reichtum des Teilens entdeckt ist. Die Welt, in der die Dinge den Menschen dienen und nicht die Menschen den Dingen. In der Botschaft Jesu heißt diese Welt »Vaterherrschaft Gottes«. So heißt sie, weil in ihr Gott bestimmend wird, weil er in ihr Menschen neuschafft – so, wie er sie ursprünglich gedacht hat und wie sie im Grund ihres Herzens sein wollen; so, wie sie glücklich werden. Diese Welt läßt Jesus in seinem Wirken mit Macht anbrechen. Es gibt Kinder der alten, vergehenden Welt. Zu ihnen gehört der Verwalter der Erzählung Jesu. Und es gibt bereits Kinder der neuen Welt Gottes. »Kinder des Lichtes« nennt sie das Evangelium, weil ihnen das Licht aufgegangen ist, mit welcher Welt Gott auf uns zukommt. Sie sind nur leider nicht alle und nicht immer so klug wie die Kinder der vergehenden Welt.

Folgerungen

Klug ist in der skizzierten Krisensituation natürlich, sich auf die kommende Welt einzustellen und aus der Welt herauszudrängen, die keine Zukunft hat. In der Sprache unseres Evangeliums: dem Mammon den Dienst kündigen, um in den befreienden und heilenden Machtbereich Gottes zu kommen. Das ist eigentlich sehr einfach. Nur: Was heißt das in der Situation des uns anvertrauten Wohlstandes? Wie leben wir in ihr klug, d. h. so, daß wir Zukunft haben? Wenigstens den Anfang einer Antwort gibt uns das Evangelium mit dem Wort »dienen«. Wir können dem Wohlstand dienen, der dauernden Mehrung, Verfeinerung, Perfektionierung der Dinge und dadurch im Herrschaftsbereich des Mammons leben. Wir können umgekehrt den Wohlstand den Menschen dienen lassen; Dinge unter der Frage schätzen und entwickeln, ob und wie sie dem Leben dienen; die wachsenden Möglichkeiten des Menschen nicht nur für uns, sondern auch für die Lebensentfaltung der anderen in Dienst nehmen. Wir können das Verlangen, das zum Menschen gehört, auf größere Gerechtigkeit und lebendigere Solidarität richten. Damit öffnen wir uns der kommenden Welt, lassen bereits hier und heute Gott mit seinem Willen durchbrechen. Damit retten wir uns in die Zukunft. Natürlich bleiben viele Fragen, wie das ganz konkret aussehen kann in unserem persönlichen Leben, in der Organisation eines Betriebes, in unserer Volkswirtschaft, in der Weiterentwicklung von Naturwissenschaft, Technik und Medizin. Vielleicht aber ist es schon ein Anfang klugen Verhaltens, überhaupt der Frage Raum zu geben, wem wir mit dem, was wir tun oder lassen, dienen. Das kann uns ermöglichen, unsere Situation als Krisensituation wahrzunehmen. Es hat nicht alles Zukunft. Es tut uns nicht alles gut. Wir werden nicht mit allem die Menschen, die wir werden sollen. Wir werden nicht auf jedem Wege glücklich.

Klugheit und Glaube

Wir werden uns selbst sowohl als Kinder dieser Welt wie auch als Kinder des Lichtes erfahren. Es fällt uns schwer, konsequent als Kinder des Lichtes zu leben. Uns fehlt es dazu wahrscheinlich gar nicht zuerst an Klugheit, sondern an Glauben. Es kann uns schwer werden, Jesus wirklich zu glauben, daß wir reicher werden durch das, was wir teilen, als durch das, was wir haben. Glauben wir Jesu Botschaft vom kommenden Reich Gottes wirklich aus ganzem Herzen? Glauben wir wirklich, daß diejenigen klug sind, die ihren Lebensansprüchen Grenzen setzen, damit auch die, die nicht zu ihrem Leben kommen, Raum haben für ihr Lebensverlangen? Oder setzen wir sie und manchmal uns, wenn wir abgeben, dem leisen oder lauten Verdacht aus, die Dummen zu sein? Aus Mißtrauen gegenüber der anbrechenden Welt Gottes können auch wir uns in der vergehenden Welt noch recht komfortabel zu sichern suchen. Man kann einwenden, daß wir das sogar müssen; denn wir leben doch auch noch in der vergehenden Welt und müssen in ihr mitmachen. Im Glauben wird dieses Mitmachen aber Torheit, wenn es zum Dienst am Mammon wird; denn da ist nur vorgetäuschtes, kein zukunftsfähiges Leben.

Gott dienen

Ein Name für unsere Versammlungen ist »Gottesdienst«. Das kann danach klingen, daß wir mit unserem Dienst Gott einen Gefallen tun. Er braucht nicht unseren Dienst. Uns tut es gut, wenn wir hier sein Wort in uns aufnehmen und uns in den eucharistischen Gaben mit seinem Geist neu beschenken lassen. Dadurch werden wir aus der vielgestaltigen Herrschaft des Mammons befreit und befähigt, als Kinder des Lichtes klug zu leben und im Dienst Gottes Menschen zu werden, die im Miteinander am Tisch Gottes ihr Glück finden.

26. Sonntag
Gegen die Ausgrenzung der Armen
Lk 16,19-31)

Unsere etwas andere Situation

Die Lehrerzählung unseres Evangeliums will uns nicht informieren über das Jenseits des Lebens. Das wäre ein Mißverständnis. Sie will uns in unserem Diesseits zum wahren Leben ermahnen. Die dazu erzählte Geschichte kann uns vielleicht nicht unmittelbar erreichen, weil wir in anderen Verhältnissen leben. Vor unserer Tür liegen keine Bettler. Und bei den Bettlern, denen wir in unseren Fußgängerzonen begegnen, sind wir unsicher, ob sie unsere Hilfe wirklich brauchen bzw. ob wir ihnen mit einer Gabe helfen können. Wir leben in einer Gesellschaft, in der sich das Evangelium bereits ausgewirkt hat. Unser Sozialstaat ist ja gewachsen unter dem Einfluß der christlichen Botschaft. Das betrifft nicht nur die Aussätzigen, in denen Christen Lazarus sahen und für die sie dann Häuser – Lazarette – einrichteten.

Sich in die Menschen »draußen« versetzen

Damit wir uns nicht vorschnell in unseren sozialen Errungenschaften beruhigen, kann es hilfreich sein, wenn wir uns in eine andere Welt versetzen. Ich denke daran, wie es mir mit dem Evangelium ginge, wenn ich es in der Versammlung von Christen zu verkünden hätte, die in der »Dritten Welt« auf den Müllkippen einer Großstadt leben. Wie hören Christen dort heute das Evangelium? Wie wirkt es auf sie, daß der Arme einen Namen hat – »Gott hilft« heißt er übersetzt –, während der Reiche namenlos bleibt? Die Vorstellung kann uns eine Brücke bauen zu der Mahnung Jesu, wie sie uns meint.

Zwischen uns und euch ist ein Abgrund

Die Erzählung will nicht den Besitz und nicht einmal das gute Leben schlecht machen. Schlecht ist, daß der Reiche den Lazarus ausblendet. Daß er andere Reiche um sich sammelt und mit ihnen eine Welt bildet, die die anderen draußen läßt. Daß er so außerhalb der Wirklichkeit lebt. Was dabei geschieht, wird in der Abrahamsantwort auf die Bitte, Lazarus zu schicken, deutlich. Dort hörten wir:»Zwischen uns und euch ist ein tiefer, unüberwindlicher Abgrund, so daß niemand von hier

zu euch oder von dort zu uns kommen kann, selbst wenn er wollte.«
Diesen Abgrund hat der Reiche zwischen sich und dem armen Lazarus
entstehen lassen. Unmenschlich ist, wenn die Menschen aufgeteilt werden in Habende und Habenichtse, die Welt in Zonen des Überflusses
und Zonen des Elends, und wenn dazwischen ein Abgrund entsteht.
Dieser Graben ist gegen den Willen Gottes. Gott ist der Vater und
Freund aller, und er will uns Menschen als Geschwister, die seine Gaben
zu ihrer und seiner Freude miteinander teilen.

Ruf in die Solidarität

Das Evangelium ruft uns – so können wir recht »weltlich« sagen – in die
Solidarität. Auch die Menschen auf den Müllkippen der »Dritten Welt«
gehören zur Menschheit, gehören zu uns, und wir dürfen uns kein
Menschheitsbild machen, aus dem sie herausfallen, in dem sie nicht
vorkommen. Noch mehr gilt: Die am heutigen Sonntag auf den Müllkippen Kairos oder an anderen Orten versammelten Christen sind uns
als Schwestern und Brüder verbunden, und wir dürfen nicht Eucharistie feiern mit dem Rücken gegen sie. Und im Nahbereich gilt: Auch die
Opfer unserer Gesellschaft, die den Leistungsfähigen viel Freiheit und
viele Chancen öffnet, manche Schwache aber allein läßt und überfordert, auch die Opfer dieser Gesellschaft gehören zu uns. Wir dürfen uns
kein Bild unserer Situation machen, das sie ausblendet. Es würde nicht
nur ein Graben entstehen zwischen ihnen und uns, sondern auch zwischen uns und Gott als ihrem Anwalt und Freund.

Wenn es uns gut geht, soll uns der Ruf in die Solidarität mit den
Armen – übrigens nicht nur mit den materiell Armen, sondern auch
mit den an ihrer Seele Verletzten und Leidenden – nicht die Freude
nehmen. Er will uns dankbarer machen, er will uns befreien aus der
Sucht nach mehr, er will uns sehen lassen, wie die Welt wirklich ist
und wie Gott in einem geschwisterlichen Teilen seiner Menschheit
die Welt errichten will, die er von Anfang an wollte und die auch wir
im Grunde unseres Herzens ersehnen.

Reichtum, der taub macht

Am Ende des Evangeliums kommt eine wichtige Erfahrung der ersten
Christen zum Ausdruck. Da möchte der Reiche, daß seinen Brüdern
eine Mahnung gesandt wird. Abraham verweist auf Mose und die Pro-

pheten, die sie hören sollen, und hält die Sendung eines auferstandenen Toten für müßig, weil sie auch auf ihn nicht hören würden, wenn sie sich gegen die Propheten verschließen. Die ersten Christen erfuhren: Es gibt einen Reichtum, der für das Evangelium verschließt. Es gibt eine Art, reich zu sein, die taub macht gegenüber Gottes rettendem Ruf. Auch die Botschaft von der Auferstehung des Gekreuzigten wird eher von den Armen als von den Reichen aufgenommen. Vielleicht kennen auch wir die Erfahrung. Unser Wohlstand ist nicht schlecht; aber er bringt die Gefahr mit sich, daß wir uns in ihm isolieren und den Ruf in solidarische Menschlichkeit nicht mehr hören.

Die Überwindung des Abgrunds feiern

Gott hat im Weg seines Sohnes den Abgrund zwischen ihm und uns überwunden. Diese Versöhnung feiern wir am Sonntag im Zeichen der Eucharistie. Aus diesem Geschehen kommt der Geist, der alle Abgründe zwischen den Menschen überwinden will, damit Versöhnung geschieht zwischen Reichen und Armen, Traurigen und Frohen, Starken und Schwachen. Vielleicht tut es uns gut, die Liebe unseres Gottes heute bewußt in der Gemeinschaft mit unseren Schwestern und Brüdern auf den Müllkippen der »Dritten Welt« zu feiern und sie so einzubeziehen in unseren Dank, in unsere Bitte und in unser Welt- und Menschheitsbild.

27. Sonntag
Die Kraft des Kleinglaubens
(Lk 17,5-10)

Ein Wort zuvor

Im Evangelium unseres Sonntags werden uns zwei unverbundene Weisungen vorgelegt. Etwas näher soll uns das Wort über den Glauben beschäftigen. Da aber das Wort über die nichtsnutzigen Knechte wohl noch in uns nachklingt, sei zuvor eine falsche Folgerung für unser Verständnis vor Gott abgewehrt. Zu allem, was Jesus uns von Gott, seinem und unserem Vater, mitteilt, paßt nicht das Bild eines autoritär Dienste einfordernden Hausherren. Es paßt dazu auch nicht ein Menschenbild, in dem unser Tun abgewertet wird. Das grob gemalte Bild soll Menschen nachdenklich machen, die für ihre Verdienste Dank und Ehre erwarten – von den Menschen und von Gott. Wenn wir unsere Gaben zur Wirkung bringen, tun wir nichts anderes, als daß wir unser Leben leben. Das ist gut und wertvoll; aber es ist nichts Besonderes. Wir würden es verderben, wenn wir damit großtun würden. Wir schulden Gott und uns selbst, daß wir das Leben, das uns eröffnet ist, auch leben. Das macht unsere Würde aus.)

Die Bitte um einen starken Glauben

Das Lesen oder Hören des Evangeliums kann nicht nur froh machen und aufrichten. Es kann auch die bedrängende Frage aufkommen lassen: Wie können wir uns darauf wirklich einlassen? Wie können wir es leben? Die Radikalität mancher Worte kann uns abstoßen. Wir können uns mehr oder minder bewußt abwenden mit der inneren Erfahrung: Das ist nichts für mich. So bin ich nicht, daß das mein Weg werden könnte. Das kann traurig machen, wenn man zugleich die Ahnung hat, das Leben nach dem Evangelium könnte das eigentlich freie und frohe Leben sein. Es kann zu einer Not werden, nicht so glauben zu können, daß man wirklich Christ wird. An manche großen Worte haben wir uns möglicherweise so gewöhnt, daß wir sie nicht mehr ganz ernst nehmen. Denken wir an die Rede von der Berufung jedes Christen, als ein anderer Christus, gesalbt mit seinem Geist zur Aufrichtung der Armen und Bedrängten, unter den Menschen zu leben. Wenn wir das ernst nehmen, kann es uns bekümmern, nicht einmal entfernt so offen zu sein wie Jesus für den Willen Gottes auf unserer Erde, überall mit Kompromissen zu leben zwischen dem Evangelium und den dazu querstehenden Lebensstilen unserer Gesellschaft. Ähnliche Erfahrungen kannten offenbar schon die ersten Christen. Aus ihrem Kreis ergeht die Bitte im ersten Teil unseres Sonntagsevangeliums: »Stärke unseren Glauben.« Zumindest einige unter den ersten Christen fanden ihren Glauben kümmerlich, schwach und bedroht.

Die Antwort Jesu

Die Antwort Jesu ist so überraschend, daß man sie aus der Bildrede kaum heraushört. Jesus macht Mut zum kleinen Glauben. Es macht nichts, wenn unser Glaube so winzig ist wie ein Senfkorn. Auch der kleinste Glaube hat eine unglaubliche Kraft. Das Evangelium erfordert keine Glaubensakrobaten. Es redet nicht nur zu den Helden und Heiligen. Es spricht zu kümmerlichen, schwachen Menschen und von dem ihnen von Gott ermöglichten Glauben. Und wenn dieser auch noch so klein ist, ihm werden Dinge möglich, die Menschen unmöglich sind. Das meint das Bild vom Maulbeerbaum. Dieser Baum war bekannt dafür, daß er ein besonders verzweigtes und damit hartnäckiges Wurzelwerk hat. Um ihn auszureißen, müßten schon unsere modernen Bagger einiges aufwenden. Natürlich geht es nicht darum, im Glauben ein solches Kunststück zu vollbringen und solchen Unsinn zu treiben wie die Verpflanzung eines Baumes ins Meer. Es geht in dem starken Bild um die Zusage, daß auch der kleinste Glaube Gott mit seinen Möglichkeiten in unsere Welt einläßt. Und bei ihm ist nichts unmöglich.

Gegen entmutigende Radikalität

Es gibt eine entmutigende Radikalität. Es gibt entmutigende Vorbilder. Nicht zuletzt Jesus selbst kann uns so als Vorbild dargestellt werden, daß wir uns keine Nachfolge zutrauen. Vorbilder behindern uns eher, als daß sie uns helfen, wenn uns zugemutet wird, wir sollten deren Leben nachleben. Sie erlauben uns dann nicht, unser Leben zu leben. Das kann geradezu zerstörerisch wirken, wenn Menschen weder ihr Vorbild erreichen noch zu dem ihnen möglichen Leben finden. Das gilt auch für das Leben im Glauben. Die eine christliche Berufung ist in einer bunten Vielfalt von Glaubensmöglichkeiten zu leben. In allen geht es zwar um Radikalität, aber so, daß an jede und jeden der Ruf ergeht, sich ganz auf das Leben einzulassen, das ihr oder ihm im Glauben ermöglicht wird. So verstanden gibt es so etwas wie einen radikalen Kleinglauben. Wo Menschen das vom Evangelium ergreifen und leben, was nach ihnen ruft und gerade ihnen nahegelegt wird, dort kann es noch so wenig sein, sie geben damit ihre Antwort und machen Gottes Wunder möglich.

Ermutigung der Kleinen im Glauben

Auch noch in Fragen des Glaubens zeigt Jesus so seine Hinwendung zu den Kleinen und Schwachen. In seinen Erdentagen wurden manche Menschen gering geachtet, weil sie dem religiösen Leistungsdenken der geistlichen Autoritäten nicht entsprechen konnten. Möglicherweise hat sich dieses Denken auch in die ersten christlichen Gemeinden eingeschlichen. Dann erinnert der Evangelist Lukas sehr gezielt daran, wie das Jesus-Wort die Kleinen im Glauben ermutigt zu ihrem Glauben. Nur dem starken und großen Glauben – wenn man davon überhaupt sprechen darf – etwas zuzutrauen, ist sogar eine Art Unglaube. Glaube mutet Gott sein Kommen zu. Und es ist lebendiger Glaube, ihm dieses Kommen auch noch im kleinsten Glauben – wenn man davon sprechen darf – zuzutrauen. Die Welt verändert sich nicht nur und vielleicht nicht einmal zuerst in einigen großen Heldentaten des Glaubens, sondern in all den Menschen, die sich auf ihre Weise auf Gottes Geschichte mit ihnen einlassen und dadurch seinen heilenden, erneuernden, befreienden Geist zur Wirkung bringen. Unsere oft falsch messenden Augen durchschauen nicht, durch welche kleine, alltäglich gelebte Offenheit für Gott unsere Welt vor dem Abgleiten in den Tod bewahrt und in eine menschlichere Zukunft getragen wird.

Versammelt zur Stärkung unseres Kleinglaubens

Wir leben in einem geistigen Klima, das als nicht glaubensfreundlich gilt. Tatsächlich wird uns ein Denken und Verhalten nahegelegt, in dem wir weniger auf Gott als auf uns Menschen bauen und in dem Gott mit seinen Möglichkeiten eher am Rande der Lebenswelten als in ihrer Mitte erinnert wird. Dabei ist ein großes Vertrauen in das Menschenmögliche in verbreitete Mutlosigkeit umgeschlagen. Unsere Berufung als Christen ist es, dagegen an Gottes Möglichkeiten mit uns Menschen zu glauben und sie dadurch in unsere Geschichte zu rufen. In der Angefochtenheit unseres kleinen Glaubens ist es wichtig, daß wir zusammenkommen, um uns gegenseitig zu stärken und uns gemeinsam stärken zu lassen. Dabei haben wir nicht zu vergleichen, welcher Glaube groß oder klein, stark oder schwach ist. Wir haben uns den Glauben stärken zu lassen, der uns gegeben ist. Auch wenn wir die eine gemeinsame Berufung teilen und an der einen eucharistischen Gabe Anteil haben, sollen wir unser je eigenes Leben im Glauben zu leben. Wichtig ist, daß es ein Leben im Glauben ist, ein Leben also, daß auf Gottes Möglichkeiten mit uns gründet.

28. Sonntag
Dank sagen
(Lk 17,11-19)

Nur einer

Auch an den anderen neun Aussätzigen des Evangeliums ist wunderbares geschehen. Ihre Krankheit hatte sie aus der Gemeinschaft der Menschen ausgeschlossen und ihren Körper langsam verfaulen lassen. Nun durften sie zu den Menschen zurückkehren – mit reiner Haut. Und doch erzählt das Evangelium von ihnen eine Geschichte, die abbricht, ohne an ihr eigentliches Ziel gelangt zu sein. Nur einem wird gesagt: »Dein Glaube hat dir geholfen.« So, als wäre den anderen Neun im Grunde nicht geholfen, wo doch auch für sie das Leben neu begann.

Erfahrungen mit Dankbarkeit

Unsere Erfahrungen mit Dankbarkeit zwischen uns Menschen können uns die Botschaft des Evangeliums erschließen. Wo wir einander ein Geschenk machen oder einen Dienst erweisen oder ein Zeichen der Aufmerksamkeit geben, kann es uns traurig machen, wenn kein Echo des Dankes kommt, sondern das Geschenk oder der Dienst oder die Aufmerksamkeit einfach so hingenommen wird. Dabei sei nicht an Zuwendungen gedacht, die um des Dankes willen erbracht werden. Das kann anderen das Danken schwer oder gar unmöglich machen. Zu denken ist an Geschenke, Dienste, Aufmerksamkeiten, in denen wir anderen zeigen wollen, daß uns an ihnen liegt, daß wir sie erfreuen oder trösten wollen. Der Dank ist dann ein Zeichen, daß beim anderen unsere Zuneigung angekommen ist und erwidert wird. Noch anders gesagt: Wo ein Geschenk, ein Dienst, eine Aufmerksamkeit eine Beziehung ausdrücken und weiterbringen soll, ist der Dank die Antwort, daß der andere mehr als nur eine Gabe, nämlich in der Gabe unsere Zuneigung erfahren hat. Der Dank gilt dann nicht nur der Gabe, sondern sagt: Ich danke dir dafür, daß ich dir etwas bedeute, daß dir an mir liegt, daß du mich erfreuen oder trösten willst. So gibt es wohl kaum lebendige Beziehungen unter Menschen, unter Freunden, zwischen Eltern und Kindern, in der Ehe ohne diese Dankbarkeit füreinander.

Vielleicht führt uns noch weiter, wenn wir fragen, was das Gegenteil von Dankbarkeit ist. Dieses Gegenteil dürfte unzureichend mit

Undankbarkeit umschrieben sein; es wird deutlicher, wenn wir es Selbstverständlichkeit nennen. Da nimmt eine oder einer eine Gabe einfach so hin – fast als wäre es nichts. Wer so empfängt, wird im Empfangen eigentlich nicht froh. Das alles macht nichts mit seinem Herzen. Wir kennen diese Gefahr: daß wir volle Hände und reich gedeckte Tische, schöne Häuser und ein versichertes Dasein haben, aber darin doch die Freude fehlt, weil es uns selbstverständlich ist. Dankbarkeit und Freude sind Geschwister, die ganz eng zusammengehören. Ein einfaches Brot, das wir dankbar essen, kann froher machen als ein raffiniertes Mahl, das in Selbstverständlichkeit verzehrt wird.

Reine Haut und volles Herz

Kehren wir zum Evangelium zurück, dann können wir zu sagen versuchen, was mit dem einen der Geheilten geschehen ist. Er hatte im Geschenk der Heilung ein Zeichen empfangen: Da hat einer mein Elend gesehen und mit mir Mitleid gehabt; da habe ich bei einem Erbarmen gefunden; dieser schenkt mir mein Leben neu; ich bin ihm wichtig, ihm liegt an mir, er will mein Leben; und dieser eine handelt im Namen Gottes, seines Vaters. Also: Gott schenkt mir in ihm mein Leben neu; er hat für mich seine Macht gegen die Krankheit eingesetzt und sagt mir in meiner Heilung, daß er mir Vater ist, in dessen Herz ich mit all meinem Verlangen nach Leben eingeschrieben bin. Dem Geheilten, der seine Heilung so als Liebestat seines Gottes empfing, wurde nicht nur die Haut rein, sondern auch das Herz voll. So mußte er umkehren, preisen und danken. Er war in seiner Heilung seinem Gott begegnet. Er empfing sein Leben neu aus der Hand seines Gottes. Nicht nur rein wurde er dadurch, sondern auch froh und dankbar. Das fehlte den anderen neun. Die reine Haut hatten sie auch; aber mit ihrem Herzen hatte die Heilung nichts gemacht. Sie kehrten in ihr Leben zurück, ohne dem Gott ihres Lebens begegnet zu sein.

Danksagung als Ausdruck des Glaubens

Die Geschichte erinnert uns an eine Grundfarbe des Lebens im Glauben. Wir können leben, als wäre alles selbstverständlich: unser Leben, unsere Tage und Stunden, unsere Angehörigen und Freunde, unsere Kräfte und Begabungen, unsere Erfahrungen mit Vertrauen und Trost.

Wir können in all dem aber auch Zeichen unseres Gottes sehen, der uns unser Leben mit seinen Tagen und Stunden gibt, der uns mit Menschen beschenkt, von dem unsere Kräfte und Gaben kommen, der uns vertrauen läßt und zur rechten Zeit tröstet. Dann macht das alles uns dankbar. Es läßt uns nicht nur leben, sondern in unserem Leben unsere Geschichte mit Gott haben.

Vielleicht fragen wir uns manchmal, ob wir überhaupt glaubende Menschen sind. Eine gute Selbstprüfung unseres Glaubens ist die Frage, ob wir dankbare Menschen sind. Ist es bei uns angekommen, wie vielfältig unser Gott uns seine Zeichen sendet, daß ihm an uns liegt und daß er mit uns auf unserem Weg ist – auch und gerade in dunklen Stunden, in denen er uns nicht untergehen läßt? Geht uns dies wenigstens da oder dort einmal auf, so daß wir aus stummer Selbstverständlichkeit zur Danksagung finden? Im hier angesprochenen Sinn kann man sogar das Glauben üben. Menschen, die ihr Leben daraufhin betrachteten, was alles darin nicht selbstverständlich ist, und daraus ihre persönliche Danklitanei – manchmal für einen Tag oder für eine Woche – formten, entdeckten erstaunt, was alles von ihrem Gott her an ihnen geschehen war und wie sie froher wurden, wenn sie darauf im Dank antworteten.

Danksagung feiern

Manchmal wird gefragt, was man davon hat, wenn man sonntags zur Kirche geht. Wir sind zu dem zusammen, was den einen Geheilten umkehren ließ: zur Feier der Eucharistie, zur Danksagung. Ob dem Geheilten die Frage kam, was er von seinem preisenden Dank hat? Wir sind nicht rechnend zusammen. Irgendwann muß uns erreicht haben, wie sehr unserem Gott an uns liegt. Irgendwo muß uns aufgegangen sein, was er mit der Hingabe Jesu für uns getan hat und tun will. Der Dank dafür ist dann eine innere Notwendigkeit. Und wir haben sogar etwas davon. Wir werden durch unseren Dank aus den falschen Selbstverständlichkeiten herausgeholt in das Bewußtsein eines von Gott gewollten und beschenkten Lebens, so daß wir dankbare Menschen werden. Das ist eine Lebensqualität von besonderem Wert. Nur mit ehrfürchtigem Dank empfangen wir in rechter Weise, was uns in unserer Feier gereicht wird: das immer neue Kommen der Liebe Gottes in unser Leben.

29. Sonntag
Nicht aufhören
(Lk 18,1-8)

Gott ist anders als der Richter, wir sind wie die Witwe

Gott ist nicht wie der Richter, der erst durch die ihn arg belästigende Aufdringlichkeit dazu gebracht werden muß, der Witwe zu ihrem Recht zu verhelfen. Gott ist ganz anders. Er muß nicht erst dazu gebracht werden, sich um das Recht der Armen und Ohnmächtigen zu kümmern. Er brennt selbst darauf. Er drängt mit seinem Recht in unsere Zeit und möchte am liebsten jetzt und sofort alle und alles mit seinem Geist erfüllen. Nicht um den Richter geht es in der Geschichte unseres Evangeliums, sondern um die Rolle und das Verhalten der Witwe. Es wäre eine ganz andere Geschichte, wenn es um einen Großgrundbesitzer ginge, der beim Richter unter Druck einfordert, er solle ihm gefälligst Recht verschaffen. Die Witwe kann nur bitten. Auch der Mensch kann vor Gott nur bitten; aber das soll er auch, und zwar ohne irgendwann damit aufzuhören.

Nicht mehr beten heißt: aufhören zu glauben

Wir würden bitten und nicht damit aufhören, wenn wir die Erfahrung machten, immer oder fast immer damit Erfolg zu haben. Das Evangelium richtet sich offenbar an eine Gemeinde, die müde im Gebet wurde, weil sie damit nicht gleich Erfolg hatte. Sie wurde unsicher, ob sie von Gott wirklich gehört und erhört wird. Die Gefahr, aus Mangel an Glauben mit dem Bitten vor Gott aufzuhören, ist heute wohl nicht nur die Gefahr einzelner Beter oder einiger Gemeinden. Es ist die Gefahr eines uns alle umgebenden Klimas. Viele haben mit dem Beten aufgehört. Viele lernen es gar nicht mehr, ihre Nöte und Klagen einem Gott hinzuhalten. Es wird in unserer Zeit zwar nicht aggressiv gegen einen Gottesglauben gekämpft; aber Gott als der, der gibt und immer nochmals geben will, bleibt vielen fremd. Menschen hören auf, an Gott zu glauben, wenn sie nichts mehr von ihm erwarten. Eben dies umgibt uns als Praxis sehr vieler unserer Mitmenschen. Wir alle werden es in unseren Familien, bei unseren Nachbarn und Freunden kennen. Und es wird auch in unser eigenes Leben hineinreichen. Auch wenn wir nicht gleich ganz mit dem Beten und Bitten aufhören, so können wir doch unsere

Erwartungen an Gott langsam da oder dort zurücknehmen und aufhören, bei ihm anzuklopfen.

Jesus zeigt uns einen hörenden und sehenden Vater

Es ist konsequent, nicht mehr zu beten, wenn wir nicht mehr gewiß sind, daß Gott hört und erhört. Wir zeigen uns auch Menschen nur dann mit unserer Freude und unserer Not, wenn wir gewiß sind, daß sie hinsehen und verstehen und auch helfen. Jesus will mit dem Gleichnis nicht einfach zum Gebet mahnen, sondern die Basis dafür stärken, d. h. die innere Gewißheit, daß bei dem Gott, den er uns zeigt und gibt, jede Bitte gehört und auch ohne Zögern erhört wird.

Das Geheimnis der Abhängigkeit Gottes vom Menschen

Wie geht das zusammen mit der Erfahrung, daß trotz unseres Rufens auf unserer Erde immer noch das Recht des Stärkeren herrscht, Menschen in so unversöhnlichem Haß gegeneinander angehen, die Güter so ungleich verteilt sind? Es geht in dem Gebet, zu dem Jesus auffordert, ja nicht um irgendwelche privaten Sonderinteressen oder Kleinigkeiten wie gutes Ausflugswetter, sondern um ein menschlicheres Angesicht der Erde. Es geht um die Bitten des Vaterunsers, um das Kommen des Reiches Gottes, um seinen Willen auf unserer Erde. Darauf warten wir, wartet die Kirche schon so lange. Das kann müde machen im Glauben und Beten.

Wir haben darauf keine leichte Antwort. Eines aber müssen wir vergegenwärtigen. Vor seinem letzten Kommen hat Gott sich in unserer Geschichte mit seinem Einsatz für Gerechtigkeit und Versöhnung abhängig gemacht davon, daß Menschen ihn einlassen. Gott zögert nicht mit der Gabe seines Geistes; aber er kann sie nur geben, wo sie empfangen wird. Es liegt nicht an Gott, wenn Menschen auf Kosten anderer Menschen leben und das Angesicht der Erde entstellen. Gott will es mit brennendem Eifer anders. Dazu aber braucht er Menschen, die sich seinem Geist öffnen und sich seiner Geschichte zur Verfügung stellen.

Jedes Gebet gilt vor Gott und schafft ihm Raum

Diesem Gott dürfen und sollen wir zutrauen, daß er jede Bitte, jede Klage ohne zu zögern hört und ihr in seiner Liebe Gewicht gibt. Wir durchschauen nicht, wie wir alle vom Beten unbekannter Glaubender leben. Jedes Gebet öffnet dem heilenden, aufrichtenden, Recht schaffenden Willen Gottes Raum in unserer Geschichte. Nichts, was wir in der Einheit mit dem Willen Gottes ihm zumuten, bleibt ohne Antwort – auch wenn wir diese nicht immer gleich wahrnehmen. Gott ist eben nicht wie der Richter, der erst dazu gebracht werden muß, seines Amtes zu walten. Gott ist von allem Anfang an darauf bedacht, uns unendlich gut zu sein und gut zu tun.

Versammelt zum Gebet –
Stellvertretend auch für die, die aufhörten

Wir sind versammelt, weil wir zumindest noch nicht ganz aufgehört haben, Gott seine Welt und seine Kirche, uns und die uns wichtigen Menschen anzuvertrauen. Es ist seine Gnade, wenn er uns durch das Evangelium im Glauben stärkt, daß wir von ihm gesehen und gehört werden. Der Glaube, der uns beten läßt, soll uns auch für die vielen mitbeten lassen, die aufgehört haben. Kirche sind wir in dieser unserer Zeit nicht zuletzt dadurch, daß wir für die anderen, die es nicht mehr können (nicht nur nicht wollen) oder noch nicht dazu fanden, mit die Hände zu Gott erheben im Vertrauen, daß wir von ihm alles erwarten dürfen und sollen: die Anfänge seiner befreienden und versöhnenden Herrschaft unter uns, die nächsten Schritte auf dem Wege und einmal die alle Sehnsucht der Menschen beantwortende und alle Tränen trocknende Vollendung. In diesem Glauben bitten wir. Und für diesen Glauben danken wir, wenn wir der Liebe Jesu bis zum letzten gedenken und sie uns am Tisch des Herrn schenken lassen.

30. Sonntag
Heilende Hochachtung
(Lk 18,9-14)

Selbstwertgefühl auf Kosten anderer

Wir können wohl gar nicht unser Bild von uns selbst entwerfen, ohne uns mit anderen zu vergleichen. Wir bestimmen uns selbst durch das, was uns von anderen unterscheidet oder mit ihnen verbindet. Beim Vergleichen kann es schnell dazu kommen, daß wir uns und den anderen nicht nur unterschiedliche Ränge zuerkennen, sondern damit auch Wertungen verbinden. Es geht dann nicht mehr nur darum, ob wir etwas mehr oder weniger können, in diesem oder jenem besser oder schlechter, schneller oder langsamer sind. Es geht auch nicht nur um das märchenhafte Spieglein an der Wand mit seiner Auskunft über die Schönste im ganzen Land. Sehr viel tiefer reicht es, wenn wir Menschen anfangen, einander für unterschiedlich wertvoll zu halten. Wir können nicht leben ohne ein Selbstwertgefühl. Uns selbst lieben können wir nur, wenn wir in uns einen Wert erkennen. Die Liebe zu uns selbst aufgrund eines gesunden Selbstwertgefühles verdirbt unsere Welt nicht. Anders ist es, wenn Menschen eine Hochschätzung ihrer selbst durch die Geringschätzung ihrer Nächsten zu gewinnen suchen. Da entsteht ein vergiftetes Klima, das unsere Überlieferung »Sünde« nennt. Es ist das Klima, in dem auf Kosten anderer gelebt wird. Selbstwertgefühl durch die Verachtung anderer ist eine besonders gefährliche Weise, auf Kosten von nach unten gedrückten Menschen zu leben. Davor warnt das Evangelium unseres Sonntags. Es richtet sich gezielt an Menschen, die mit der Zustimmung zu sich selbst (das ist mit der Überzeugung von der eigenen Gerechtigkeit gemeint) die Verachtung anderer verbinden.

Auf- und Abwertungen in unserer Gesellschaft

In der Beispielerzählung des Evangeliums geschieht die Auf- und Abwertung von Menschen mit Hilfe von Merkmalen, die so in unseren Lebenswelten kaum Bedeutung haben. Bei uns wird kaum jemand vor Gott, vor sich selbst oder anderen prahlen mit seinen Frömmigkeitsübungen, mit religiösem Fasten und großzügigen Kollekten. Wir leben nicht in einer religiösen Leistungsgesellschaft. In säkularisierter Gesellschaft werden die Menschen weniger mit Hilfe von Religion auf- oder abgewertet. Hochschätzung und Verachtung werden anders kostümiert. Ganz einfach machen es sich die Nationalismen oder Rassismen, die nur der eigenen Gruppe die volle Menschenwürde zuerkennen. Vielleicht haben wir das in unserer Gesellschaft hinter uns. Spürbar bleibt die Neigung, die Fremden sehr schnell nicht nur als Fremde zu empfinden, sondern auch als Menschen von geringerem Wert. Befragungen, wie die Menschen in unserer Gesellschaft voneinander denken, zeigen, daß die Pflege des eigenen Lebensstiles sehr oft verbunden ist mit einer Geringschätzung von Menschen mit anderem Lebensstil. Kinder bekommen im Heranwachsen schon früh Signale, wie ihr Wert unterschiedlich nach ihrer sozialen Herkunft und nach ihrem Leistungsvermögen eingeschätzt werden. Die Not der Menschen ohne Arbeit wird sehr stark verursacht durch offene oder verdeckte soziale Abwertung. Die sog. Zwei-Drittel-Gesellschaft benachteiligt das verbleibende Drittel nicht nur wirtschaftlich-materiell; über den sozial Schwächeren liegt zugleich auch eine abwertende Geringschätzung, weil sie eben nicht richtig mitkönnen.

Viel Selbstgerechtigkeit wuchert in unseren Medien, wo sie nicht nur berechtigte und notwendige Kritik üben, sondern damit moralische Entrüstung und Verurteilung verbinden. Offen oder versteckt danken da manche Kommentatoren dafür, daß sie nicht so sind wie die anderen. Das kann auch Predigern geschehen.

Die Körpersprache der Beispielerzählung

Die Beispielerzählung unseres Evangeliums will hier aufdecken und heilen mit Hilfe der Körpersprache der beiden Hauptpersonen. Der eine stellt sich aufrecht hin – wahrscheinlich vorne im Tempel – und verrichtet ein Dankgebet für all die von ihm praktizierte Frömmigkeit. Der andere bleibt ganz hinten, wagt nicht einmal, die Augen zum Himmel zu erheben, schlägt sich an die Brust und bittet um Annahme mit seiner Sünde. Im ersten Hinsehen könnten wir wahrnehmen, wie zwei Menschen zu ihrer unterschiedlichen Lebenswahrheit stehen. Der eine führt wirklich ein Leben, das Zustimmung verdient. Über das normale Maß hinaus sucht er, Gott in seinem Leben Raum zu geben. Damit kann er sich dankbar vor Gott hinstellen. Der andere – davon geht die Erzählung aus – ist ein Betrüger; er weiß, daß er sich damit dem Gott, den er als Anwalt der Betrogenen anerkennt, nicht nahen kann; er steht zu seiner Wahrheit. Von beiden könnte erzählt werden, daß ihr Gebet ihrer Wahrheit entsprach und eine sie segnende Antwort von Gott empfing. Eines aber verdarb das Gebet des ersten. Das ist nicht sein Stehen und Danken. Er zerstörte sein Gebet dadurch, daß sein Stehen ein Sich-über-den-anderen-Erheben war und daß er von seiner Höhe verächtlich herabblickte auf den anderen. Er dankte nicht nur für den guten Weg, den er geführt wurde; er dankte dafür – wie es wörtlich heißt -, daß er nicht wie die anderen war. Das verdarb seine ganze Frömmigkeit.

Einander in Hochachtung den Wert vor Gott zuerkennen

Die Beispielerzählung will nicht nur mahnen, daß wir uns kein Urteil darüber machen sollen, wie wir oder andere vor Gott stehen. Nur Gott allein kennt uns und die anderen bis auf den Grund unseres Herzens. Es geht auch nicht nur darum, daß wir mit dem möglichen Dank für Gottes Weg mit uns immer auch die demütige Bitte um Vergebung für von uns nicht gelebtes Leben zu verbinden haben. Das ganz wichtige Anliegen der Erzählung ist unser Miteinander als Menschen und Christen unter den Augen Gottes. Das Selbstwertgefühl auf Kosten anderer, Selbstgerechtigkeit in Verbindung mit der Verachtung anderer vergiften die Beziehungen der Menschen untereinander. Jesus verkündet ein Wohlgefallen Gottes an alle Menschen. Seine Liebe macht alle liebenswert, und er will heilende Beziehungen unter den Menschen stiften, in denen die Menschen einander helfen zu Selbstwertgefühl durch gegenseitige Hochachtung. Im Evangelium ist dabei nicht an eine Hochachtung aus nur menschlichem Entschluß oder in nur menschlicher Vollmacht gedacht. Hochachtung des Nächsten ist eine Weise der Ausrichtung des Evangeliums, nämlich so, daß im Nächsten der Wert erkannt und hochgeachtet wird, den er oder sie durch die Liebe Gottes hat. Nur so finden die Menschen als Brüder und Schwestern zusammen, nur so kann die Angst um den eigenen Wert schwinden.

Gemeinschaft im Wohlgefallen Gottes

Wenn wir in unserer Versammlung dankend vor unserem Gott stehen, dann erheben wir uns nicht selbst. Wir lassen uns vielmehr von ihm in unserer Würde als seine Töchter und Söhne aufrufen. Wir bekennen gemeinsam, daß wir von uns aus nicht würdig sind, am Mahl seiner Liebe teilzuhaben. Wir vertrauen aber darauf, daß er selbst uns für sein Kommen in unser Leben öffnet. Demut und Selbstwertgefühl schließen einander im Glauben nicht aus, sondern brauchen sich gegenseitig. Und wir brauchen es als Wirkung unserer Feiern, daß wir in gegenseitiger Hochachtung einander das Wohlgefallen unseres Gottes bezeugen. Der Wert, den wir durch die Liebe Gottes haben, trennt uns nicht und ordnet uns nicht über oder unter; unsere gemeinsame Würde verbindet uns und befreit uns vom Gift eines Selbstwertgefühl auf Kosten anderer.

31. Sonntag
Die Heilung des Zachäus
(Lk 19,1-10)

Die Krankheit des Zachäus

Unser Evangelium erzählt davon, wie ein Mensch geheilt wird. Eher zurückhaltend ist eingangs die Rede von der Krankheit des Zachäus. Er ist sehr reich. Das klingt unseren Ohren nicht nach Krankheit. Doch deutet der Evangelist Lukas damit eine bedrohliche Erkrankung an. Der Reichtum des Zachäus ist durch Betrug erworben. Er hat seine Position als oberster Zolleinnehmer ausgenutzt. Er hat sich bereichert auf Kosten anderer. Lukas denkt an einen Reichtum, der von den Armen trennt. Zachäus dient dem Mammon; er dient dem Tod. Er selbst ist damit in den Fängen des Todes. So wird er ja auch von den Frommen Jerichos abgeschrieben. Er ist ein Sünder; einer, mit dem man nichts zu tun haben will, um sich nicht mit dem Tod anzustecken, der mit diesem Reichtum verbunden ist. In diesem Sinne geht es dem Zachäus nicht viel anders als den Aussätzigen mit ihren Todeszeichen. Zachäus mag in Saus und Braus leben können; doch ist es kein wirkliches Leben, was er lebt. Es ist vorgetäuscht. Andere sehen das wohl, und er selbst hat es nicht dauernd verdrängen können.

Die Initiative Jesu

Etwas treibt den Zachäus zu Jesus. Er will ihn sehen. Dafür steigt er sogar auf einen Baum. Es ist für uns gar nicht so leicht vorstellbar: ein reicher Mann steigt auf einen Baum, um einen Mann sehen zu können, der von einer Menschenmenge begleitet durch die Stadt geht. Der blinde Bartimäus schrie aus seiner Not durch die Menschenmenge hindurch nach Jesus. So weit ist Zachäus noch nicht. Bei ihm übernimmt Jesus selbst die Initiative. Jesus sieht die innere Notwendigkeit, diesem dem Tod verfallenen Menschen zu heilen. »Zachäus, komm schnell herunter! Denn ich muß heute in deinem Haus zu Gast sein.« Es ist, als hätte Jesus bei seinem Gang durch die Stadt den Menschen gefunden, um den es an diesem Tag gehen soll. Jesus erkannte in der Neugier des Zachäus dessen tiefere Not; er sah, wie sich dieser reiche Mann von seiner Lebensberufung entfernt hatte. Vielleicht war für Jesus der Zachäus selbst wie ein Schrei: Jesus, hilf mir! Zachäus klettert schnell vom Baum und öffnet Jesus voll Freude sein Haus.

Heilende Zuwendung

Nichts wird von dem erzählt, was im Haus des Zachäus gesprochen wird. Es wird nur das Ergebnis mitgeteilt. Ein geheilter Zachäus steht da. Er hat sich von betrügerischer Bereicherung losgesagt und will Wiedergutmachung leisten, wo er Menschen geschädigt hat. Vor allem: Er hat zur Gemeinschaft mit den Armen gefunden. Er ist von der tödlichen Sucht nach Besitz erlöst und hat in die Freiheit des Teilens gefunden. Ein Mensch ist vom Tod zum Leben gekommen. Das geschah dadurch, daß Jesus bei ihm einkehrte. Er hatte ihn gesucht und gefunden. An der Nähe Jesu erkannte Zachäus, wie er sich vom Leben entfernt und in den Tod verirrt hatte. Die Zuwendung Jesu stürzte ihn nicht in das Dunkel der Verzweiflung angesichts seiner Wahrheit; sie rief ihn vielmehr heraus in die Umkehr und damit ans Licht und ins Leben. Wie Aussätzige sich mit ihrer reinen Haut den Priestern zeigen, so zeigt sich Zachäus vor der Öffentlichkeit Jerichos als geheilter Mensch. Und Jesus bestätigt die Heilung: »Heute ist diesem Haus das Heil geschenkt worden, weil auch dieser ein Sohn Abrahams ist.«»Sohn Abrahams« meint, daß auch diesem Zachäus die Zusage gilt, daß Gott in Treue zu seinem Leben steht.

Zeichenhandlung für das Lebensprogramm Jesu

Mit seiner Einkehr bei Zachäus verkündet Jesus in einer konkreten Handlung, wozu er gekommen ist. Er ist nicht gekommen, um zu richten, also den einen ihre Frömmigkeit zu lohnen und den anderen den letzten Stoß in den Tod zu geben. Ihm liegt an denen, die bereits an den Tod verloren sind. Er hat die Wahrheit zu leben, daß sie vom Gott ihres Lebens in keiner Weise aufgeben sind, daß Gott sie vielmehr dem Tod entreißen will und kann. Jesu Einkehr bei Zachäus steht für seine Einkehr in das Haus unserer Geschichte. Er sucht die Gemeinschaft der Menschen, die mit der Solidarität ihr wahres Leben verloren haben, um sie durch seine Zuwendung herauszuholen in die Freiheit eines Lebens miteinander und füreinander. Er ist das Sakrament, d. h. das Werkzeug in der Hand Gottes. In ihm ist Gott da mit seiner Treue, mit seinem machtvollen Willen zu retten. Immer wieder hat er in der Geschichte Israels ausrichten lassen, daß er nicht den Tod des Sünders will, sondern dessen Umkehr und Leben. Dieser sein Wille wird Wirklichkeit in der Einkehr Jesu in unsere Geschichte. Davon wird in der Einkehr Jesu bei Zachäus erzählt.

Eile und Freude

Der Evangelist Lukas trägt in seine Erzählungen gerne zwei Motive ein, die wir beachten sollten. Was geschieht, muß schnell geschehen. Zachäus muß schnell herabsteigen, wie schon Maria zu Elisabeth eilte oder die Hirten zur Krippe liefen. Die frohe Botschaft, daß Gott in Jesus kommt, um zu retten, hat nicht lange Zeit. Sie möchte sich rasch ausbreiten. So soll sie zu allen bis an die Grenzen der Erde dringen. Es ist die Dynamik des Geistes, die hier antreibt, damit alle erreicht werden. Und das alles verbreitet ein Klima der Freude. Voll Freude nahm Zachäus Jesus auf. Die Freude hat es eilig. Sie möchte alles verändern. Wo das Evangelium wirklich aufgenommen ist, dort löst es Freude aus. Und diese Freude drängt zur Mitteilung, will weiter.

Jesu Einkehr in unserer Versammlung

Die Kirche verkündet das Evangelium unseres Sonntags bei der Kirchweihe. Sie sagt damit, daß diese Erzählung etwas von uns vergegenwärtigt. Wir sind in unserer Versammlung der Raum, in dem Jesus Gast sein will. Wo wir ihn in Freude aufnehmen, wird er selber in einem wunderbaren Rollentausch unser Gastgeber und teilt sich uns mit. Wir verstehen uns als Kirche nicht als Gemeinschaft heiler Menschen, die den Lohn für ihre Tadellosigkeit einsammeln. Wir verstehen uns als Gemeinschaft, die der immer neuen Erfahrung bedarf, durch die Einkehr Jesu gereinigt und in der Fähigkeit zu lieben erneuert zu werden. Insbesondere jeder Sonntag ist ein Heute, an dem es geschehen muß: daß er, der von Gott her heilt, bei uns zu Gast ist und unser Gastgeber wird.

32. Sonntag
Gott der Lebenden und der Toten
(Lk 20,27-38)

Zwei bibelkundliche Klärungen

Um den Weg freizubekommen zur Botschaft unseres Evangeliums, sind zwei kurze bibelkundliche Klärungen wichtig. (1) Die sog. Leviratsehe war eine soziale Einrichtung. Hinterließ ein Mann seine Frau ohne Nachkommen, fehlte dieser Frau die damals für die meisten einzige Art der Lebens- bzw. Alterssicherung. Darum wurde dem Bruder des verstorbenen Mannes die Verantwortung für die Witwe übertragen. Das ernsthafte Anliegen dieser sozialen Regelung wird durch die in lächerliche Kuriosität gesteigerte Konstruktion des Todes vieler Brüder nacheinander verdeckt. (2) Vielen von uns wird zudem fremd sein, daß zur Zeit Jesu über die Auferweckung der Toten gestritten wurde. Wir müssen uns bewußt machen, daß viele Menschen bis in die Zeit Jesu und noch darüber hinaus ein Weiterleben nur in ihren Nachkommen denken und erwarten konnten. In den Jahrhunderten vor Jesus war langsam darüber hinaus eine Hoffnung gewachsen, daß Gottes Treue auch dem Leben der einzelnen Gläubigen über den Tod hinaus gilt. Diese Hoffnung wurde zur Zeit Jesu nicht von allen in Israel geteilt.

Eine Frage als Gegenargument

Im Streitgespräch unseres Evangeliums läßt die eine Partei sich nicht wirklich auf die Auseinandersetzung ein, sondern macht die gegnerische Position lächerlich. Das ist nicht wirklich fair; aber die Versuchung ist groß, bei einem vor einem Publikum ausgetragenen Disput die Lacher auf die eigene Seite zu ziehen. Die Frage, welchem der Brüder die Frau bei der Auferstehung zugehören wird, soll in Verlegenheit führen. Das Strickmuster kann uns in ernsthafteren Gesprächen bis heute begegnen. Es werden Vorstellungen vom ewigen Leben entwickelt mit Hilfe unseres Denkens in Raum und Zeit, und alle diese Vorstellungen lassen dann das ewige Leben als unmöglich oder lächerlich oder alles andere als anziehend erscheinen. Das beginnt schon mit der Frage, wie die Materie unserer Leibhaftigkeit neu zusammenfinden soll, führt über kuriose Bilder von auf Wolken sitzenden und in Engel verwandelten Menschen und endet in der Beschwörung einer alptraumartigen

Langeweile nie endender Zeit. Ein Auferstehungsleben von der Art des Lebens in unserer Geschichte kann nur wie eine verrückte Phantasie wirken.

Die andere Welt

Darauf verweist der erste Teil der Antwort Jesu. Im Auferstehungsleben wird nicht mehr geheiratet. Und zwar nicht deshalb, weil das Heiraten etwas Minderwertiges wäre, sondern weil das Heiraten zwar zu unserem Weg in der Geschichte gehört, nicht aber mehr zum Leben am Ziel der Geschichte. So gehört zum Auferstehungsleben auch nicht mehr der Tod; denn in dieser anderen Welt ist der Tod entmachtet. Vorstellen können wir uns das nicht. Unser Vorstellungsvermögen ist ganz und gar geprägt von unseren Erfahrungen in Raum und Zeit und darin von den Spannungen zwischen Leben und Tod, zwischen Freude und Trauer, zwischen Tag und Nacht. Wenn wir nur das für möglich halten, was wir uns vorstellen können, dann gibt es kein Leben ohne Tod, keine Freude ohne Trauer, kein Zuhause ohne Abschied. Jesus setzt dem Denken der Gegner einer Auferstehungshoffnung entgegen die Hoffnung auf eine andere Welt, die wir uns nicht ausmalen können, nach der aber doch unsere Sehnsucht verlangen kann. In ihr haben wir die unser Leben bestimmenden Grenzen hinter uns und sollen uns wiederfinden in den grenzenlosen Möglichkeiten Gottes.

Die Frage nach Gott

Auf diesen Punkt hin führt Jesus seine Antwort. Die Gegner der Auferstehungshoffnung haben falsch gefragt. Sie haben gefragt, wie ein Auferstehungsleben aussieht. Dabei haben sie nicht nach Gott gefragt. Damit haben sie das Thema verfehlt. So streiten Menschen bis heute falsch, wenn sie darüber streiten, wie es möglicherweise mit einem Leben über den Tod hinaus ist. Über eine Hoffnung über den Tod hinaus kann nur entschieden werden in der Frage, wer Gott ist. Im Zusammenhang dieser Frage war in Israel die Auferstehungshoffnung gewachsen. Auferstehungshoffnung meint in ihrer Tiefe die Hoffnung auf Gott, dessen treuer Wille, daß der Mensch leben soll, am Tod nicht endet. Für Gott ist die Menschheit nicht getrennt in Lebende und Tote. Gott ist auch noch der Gott der Toten, ist ihrem Leben treu wie dem der Lebenden.

Gott Gott sein lassen

Wie es Gott möglich ist, seine Treue auch noch zu den Toten zu verwirklichen, können wir nicht ausdenken. Auf Gott hoffen meint hier, ihm für uns unvorstellbare Möglichkeiten zuzumuten. Eigentlich ist dies fast selbstverständlich, wenn wir überhaupt Gott Gott sein lassen. Gott in seinen Möglichkeiten auf das uns Vorstellbare zu begrenzen, würde Gott nicht mehr Gott sein lassen. Gott würde eine nach menschlichem Maß entworfene Konstruktion. Es ist nach unserem vernünftigen Denken sehr wahrscheinlich, daß Welten möglich und wirklich sind, die nicht mit unseren Maßen erfaßbar sind. Warum soll sich alles Mögliche nach unserem Vorstellungsvermögen richten! Martin Luther soll vor seinem Tode auf Fragen nach der Jenseite des Todes geantwortet haben: Das laß Gottes Sache sein. Unsere Sache ist es, auf Gottes Treue zu hoffen, seine Sache ist es dann, unsere Hoffnung zu erfüllen.

Feier von Tod und Auferstehung Jesu

Die in Israel gewachsene Hoffnung auf einen Gott auch noch der Toten half den ersten Christen zu benennen, was mit dem gekreuzigten Jesus geschehen ist: Gott hat ihn von den Toten auferweckt. An ihm als erstem ist geschehen, worauf für alle Toten gehofft wurde. An ihm als erstem hat Gott erwiesen, was er in seiner Treue zum Leben tun will und kann. Auf die Hingabe Jesu bis in den Tod hat er geantwortet und Jesu Leben in seinem Leben über alle und alles erhöht. Für uns ist die Auferweckung der Toten nicht eine Lehre, sondern begonnene Wirklichkeit. Unser Gott, der Gott und Vater unseres Herrn Jesus Christus, ist der Gott der Lebenden und der Toten. Diesen unseren Gott feiern wir am ersten Tag der Woche, weil dieser Tag der Tag der begonnenen Auferweckung der Toten ist, der Tag der Welt ohne Tod. Darum gehört zu unseren Versammlungen das Gedächtnis unserer Toten, ja aller Toten. Unser Gott, der Gott, dem wir unser Leben verdanken und anvertrauen, ist ja auch ihr Gott, und wir feiern diesen Gott nur recht, wenn wir ihm auch das Leben der Toten zutrauen. Wie er der Gott der Lebenden und der Toten ist, können wir uns nicht vorstellen. Wir können aber die Hoffnung auf ihn als Gott der Lebenden und der Toten feiern und ihn dabei Gott sein lassen, den, der immer größer und reicher, lebendiger und barmherziger ist, als wir ihn denken und benennen können.

33. Sonntag
Zeit des Zeugnisses
(Lk 21,5-19)

Zeit vor dem Ende

Die ersten christlichen Gemeinden mußten umlernen. Zuerst erwarteten sie die Wiederkunft des Auferstandenen und damit das Ende der Geschichte als unmittelbar bevorstehend. Etwas spürt man die Spannung dem Anfang unseres Sonntagsevangeliums noch an. Man sucht Zeichen für den Eintritt der Endereignisse. Zugleich verarbeitet der Evangelist schon die Erfahrung, daß offenbar noch eine Zeit vor dem Ende bleibt. Dabei ist gerade für Lukas diese Zeit vor dem Ende nicht eine leere Wartezeit. Es muß in ihr vielmehr etwas geschehen. Sie hat einen Sinn. In der Apostelgeschichte widmet Lukas dieser Zeit eine eigene Schrift. Die Zeit vor dem Ende hat darin den Sinn, das Evangelium in die Welt hinauszutragen zu allen Menschen und Völkern. In unserem Evangelium wird dieser Ton bereits angeschlagen.

Zeit der Zeugen

Wir können am Hören dieses Tones gehindert werden durch die beeindruckende Schilderung der Endereignisse und durch die Ansage von Verfolgung und Haß. Wenn wir genau hinsehen, wird die Verfolgung wie eine positive Chance herausgestellt. Wenn die Christen vor den Machthabern ihrer Zeit stehen, hörten wir:»Dann werdet ihr Zeugnis ablegen können.« Und dabei werden sie die Erfahrung machen, wie der Auferstandene ihnen Worte und Einsichten schenkt, gegen die niemand ankann. So hat es die frühe Kirche wirklich erfahren. Durch Verfolgungen wuchsen die Möglichkeiten, das Evangelium allen Menschen zu verkünden, und in den Zeugen wurde eine Kraft wirksam, die ihnen von »oben« gegeben sein mußte. Es war das Geschenk des Auferstandenen: der Heilige Geist.

Zeit, um das Leben zu gewinnen

Noch eine weitere Sinngebung der Zeit vor dem Ende können wir im Evangelium finden. Die Zeit vor dem Ende ist Chance, daß sich die Christen bewähren und so das Leben gewinnen. Auch in dieser Sicht geht es um mehr als nur um ein Warten auf die Wiederkunft. Es geht auch darum, daß die Hoffnung der Christen in ihrer treu gelebten Praxis wächst und reift. Es geschieht also einiges in dieser Zeit vor dem Ende.

Zeugnis geben, ohne verfolgt zu werden

Wir haben kaum Erfahrung mit Verfolgungen. Viele Jahrhunderte war die Kirche eher an der Seite der Mächtigen und damit der Verfolger von Minderheiten mit anderer Überzeugung. Eher Ansehen statt Haß auf sich zog, wenn jemand apostolischen Dienst versah. Heute leben wir in einer Gesellschaft, in der viele unterschiedliche Überzeugungen unbehindert untereinander konkurrieren, und zwar mit garantierter Meinungs- und Redefreiheit. Wir haben keine Chance, wegen des Eintretens für das Evangelium vor ein Gericht gestellt zu werden. Aber wir bekommen doch neu die Chance zum christlichen Zeugnis; denn das Monopol der christlichen Kirchen auf Religion ist gebrochen. Es gibt Alternativen zum Christsein. Oder von der anderen Seite her gesagt: Das Christsein kann zur Alternative zu dem werden, was verbreitet gelebt wird.

Zeugnis des Lebens

Die Herausforderung zum christlichen Zeugnis wird bei uns seit einiger Zeit unter der Überschrift »Evangelisierung« besprochen. Grundlage der Evangelisierung ist nach einer Enzyklika, die aus einer Bischofssynode erwachsen ist, das Lebenszeugnis der Christen. Dies wird etwa wie folgt beschrieben. Einzelne Christen oder Gruppen von Christen praktizieren in ihrem jeweiligen Lebenszusammenhang Verständnis- und Annahmebereitschaft; sie nehmen Anteil am Leben und Schicksal ihrer Mitmenschen; sie bekunden ihre Solidarität mit den Anstrengungen aller für alles, was edel und gut ist; sie leben ihren Glauben an Werte, die über den allgemeingängigen Werten stehen, und eine Hoffnung in etwas, das man nicht sieht und von dem man nicht einmal zu träumen wagt. (Evangelii nuntiandi 41) Es sind etwas große Worte angesichts unserer Wirklichkeit. Und doch geben sie ziemlich genau an, was nach dem Evangelium der Sinn unserer Kirche in dieser Zeit vor dem Ende ist. In unserer verstehenden und annehmenden Nähe zu den Menschen sollen wir Gottes Nähe vergegenwärtigen. Alles, was gut ist, sollen wir als Anregung Gottes bejahen und fördern. Wir sollen zeigen, wie das

Evangelium ein Menschsein eröffnet, das mehr kennt als gutbürgerliche Anständigkeit. Kirche gibt es als Anwältin der Sehnsucht der Menschen nicht nur nach ein bißchen Frieden, sondern nach einem alles und alle umfassenden Gut- und Heilwerden. Natürlich können wir beklagen, daß wir das alles nicht oder nur sehr gebrochen leben. Das aber macht uns dem Auftrag in unserer Zeit nicht treuer. Zu unserem Sinn in unserer Zeit vor dem Ende finden wir nur, wenn wir danach suchen, wo und wie uns das Zeugnis neu eröffnet wird. Es ist nicht verwunderlich, wenn wir uns damit schwer tun. Wir müssen erst wieder lernen, was uns aufgetragen ist, wenn Menschen neben uns nicht mehr oder noch nicht mit uns die Botschaft und Hoffnung des Evangeliums teilen. Aus unserem Evangelium dürfen wir die Zusage heraushören, daß der Auferstandene selbst um unsere Kraft zum Zeugnis besorgt ist. Darum ist nicht Resignation und Mutlosigkeit unsere Sache, sondern die bittende Offenheit für die Anregungen des Geistes, wo wir einzeln und in unseren Gruppen Gottes Freundlichkeit und seine Verheißungen für die Menschen mit uns vergegenwärtigen können.

Das Zeugnis unseres Sonntags

Eine Weise des Zeugnisses unserer Hoffnung ist, daß wir zur Feier des Sonntags zusammengekommen sind. Viele Menschen um uns kennen das Wochenende nur als Pause zwischen zwei Arbeitszeiten. Sie mögen allerlei Feten haben; aber sie haben im Grunde nichts zu feiern. Mit unserem Sonntag bezeugen wir, daß wir einen Grund zur Freude haben, der uns zusammengeführt. Wir feiern eine Hoffnung, von der viele in der Tat nicht zu träumen wagen – manchmal wir selbst nicht. Und wir dürfen das Brot der Liebe Gottes miteinander teilen. Darin teilen wir die Überzeugung, daß es eine Quelle der Mühe um Solidarität und Versöhnung, um Barmherzigkeit und gegenseitige Annahme gibt, die unerschöpflich ist. Das Zeugnis von dieser Quelle braucht unsere Zeit vor dem Ende.

Christkönigssonntag
Das Königtum des Gekreuzigten
(Lk 23,35-43)

Mißbrauch das Christ-König-Titels

Es ist eine uralte Versuchung, Religion zu mißbrauchen, um Herrschaft von Menschen über andere Menschen zu begründen und zu festigen. So gaben sich z. B. Könige als irdische Repräsentanten einer königlich vorgestellten Gottheit aus. Sie konnten dann im Namen dieser Gottheit Gehorsam fordern und sich weitere Menschen unterwerfen. Zu den Lasten unserer Kirchengeschichte gehört es, daß auf ähnliche Weise auch der Glaube an Jesus Christus als König mißverstanden und mißbraucht wurde. Im Namen seines Königtums wurden Kriege geführt und Völker ihrer Freiheit – auch ihrer Religionsfreiheit – beraubt. Als König mußte Christus die Überordnung einiger Regierender über die vielen da unten stützen. Es war die Zeit der Verbindung von Thron und Altar.

Königtum und Passion

Dagegen erinnert uns das Evangelium daran, daß Jesu königliche Würde und Herrschaft von ganz anderer Art ist als die der menschlichen Könige oder ähnlicher Machthaber. Das Christ-König-Fest und der Karfreitag gehören zusammen. Der König-Titel wurde an das Kreuz geheftet, und dort war er nicht mehr mißzuverstehen. Dort konnte niemand mehr erwarten, daß der königliche Gesandte Gottes die Menschen mit Gewalt unterwerfen sollte. Es ist die Stunde totaler Ohnmacht, in der die einzigartige Macht des Königtums Jesu ihre Wirksamkeit entfaltet. Es ist eine Macht über die Herzen der Menschen. Sie stützt sich nicht auf Waffen, sie setzt ganz und ausschließlich darauf, Menschen durch Liebe zu gewinnen. Durch eine Liebe, die ihr Leben gibt. Durch eine Liebe, die, wo man sich ihr verschließt, nicht abschreibt oder zurückschlägt, sondern leidet und aushält.

Vollmacht über ewiges Gelingen

Der Evangelist trägt die königliche Vollmacht Jesu in die Passion ein mit einer kleinen Szene, die wir eben hörten. In ihr zeigt er zwei entgegengesetzte Weisen, zum Gekreuzigten zu stehen. Der eine der neben

Jesus hängenden Verbrecher stimmt ein in die Verspottung Jesu durch die umstehenden Gaffer. Er sieht nur die Ohnmacht des Gekreuzigten, sein Ausgeliefertsein an die, die ihn hinrichten. Der andere sieht mehr. Er sieht im Gekreuzigten das Opfer menschlicher Blindheit und Gemeinheit. Noch mehr: Er sieht in ihm den König, der mit seiner sieghaften Liebe kommen wird. Dann entscheidet sich in der Offenheit oder Verschlossenheit gegenüber dieser Liebe Leben oder Tod. Der Verbrecher, der dieses sieht, bittet um das Erbarmen Jesu. Er bittet den ganz Ohnmächtigen um die Ausübung seiner Macht. Wir haben uns an das dann folgende Wort Jesu gewöhnt. Darum müssen wir richtig hinhören, um dessen ungeheure Aussage aufzunehmen. »Amen, ich sage dir. Heute noch wirst du mit mir im Paradies sein.« Der Gekreuzigte vergibt hier nicht nur Sünden, was man ihm zu Lebzeiten als Gotteslästerung anhängte. Er sagt einem Menschen vollmächtig sein ewiges Gelingen zu. Er versichert dem neben ihm sterbenden Verbrecher, daß sein Gott und Vater ihn in seinem Haus empfangen und ein Fest feiern wird, wie er es im Gleichnis vom barmherzigen Vater erzählt hat. So weit geht die königliche Macht des Gekreuzigten, daß er das ewige Leben zusagen kann und soll. Er verfügt – im Symbol gesagt – über das Paradies. Die, die ihn zum Tod verurteilten, verfügen nur über Legionen.

Gottes Verlangen nach freier Liebe

Die Versuchung, Menschen mit Gewalt zu dirigieren, muß nicht immer in egoistischen Machtgelüsten begründet sein. Sie kann auch das Gute wollen, eine gerechte Ordnung herstellen oder heute in einer Öko-Diktatur die Schöpfung vor dem maßlosen Menschen schützen. Der russische Dichter Dostojewski läßt den Großinquisitor vorwurfsvoll zu Jesus sagen: »Hättest du Krone und Schwert genommen, so hätten sich dir alle freudig unterworfen. In einer einzigen Hand wäre die Herrschaft über die Leiber und die über die Seelen vereint, und das Reich des Friedens wäre angebrochen. Du hast es versäumt ... Du stiegst nicht herab vom Kreuz, als man dir mit Spott und Hohn zurief: Steig herab vom Kreuz, und wir werden glauben, daß du Gottes Sohn bist. Du stiegst nicht herab, weil du die Menschen nicht durch ein Wunder zu Sklaven machen wolltest, weil dich nach freier und nicht nach einer durch Wunder erzwungenen Liebe verlangt.« Damit ist sicher etwas vom Geheimnis des Königtums Jesu getroffen. Unsere Welt ist nicht mit Krone und Schwert zu heilen. Die Heilung ist nur möglich über die Herzen von Menschen, die von der Liebe Gottes in Jesus Christus getroffen sind und sie in Freiheit angenommen haben, um sie mit anderen zu teilen.

Unser König bittet zu Tisch

Alle Hochgebete unserer Eucharistiefeiern enthalten einen Hinweis auf den Zusammenhang von Abendmahl und Passion. »Am Abend, an dem er ausgeliefert wurde und sich aus freiem Willen dem Leiden unterwarf ...« »In der Nacht, da er verraten wurde...« »Als die Stunde kam, da er von dir verherrlicht werden sollte ...« Wir denken nicht nur am Karfreitag an den Tod Jesu, sondern immer, wenn wir Eucharistie feiern. Wir denken daran, daß Jesus sein ganzes Leben sterbend zusammengefaßt hat, um sich uns zu geben. Wir denken daran, daß er mit dieser Liebe uns angerührt hat und Macht über uns bekam. Eine Macht, die nicht erdrückt, sondern die aufrichtet und befreit. Unser König, der sein Leben für uns gab, bittet an den Tisch, an dem er selbst die heilende Nahrung für das Leben der Menschen ist. Christus ist ein König ohne Land; aber am Sonntag, dem Tag seiner Auferstehung, versammeln sich überall auf unserer Erde Menschen, die ihm gehören wollen, die ihn um sein Erbarmen bitten, die seinen befreienden Machtbereich suchen. In der Gemeinschaft der vielen, die Christus ihren König sein lassen, feiern wir unser Mahl. Darin feiern wir vor, daß einmal alles von seiner Liebe durchdrungen sein soll und daß dann wirklich alles gut wird.

Hilfen zur Verkündigung

Kurt Koch
Weihnachten verstehen
Predigten von Advent bis Dreikönige
ca. 128 Seiten, Paperback
ISBN 3-451-26416-1

Sammle meine Tränen
Christliche Verkündigung angesichts von Tod und Trauer
Herausgegeben von Josef Spörlein
143 Seiten, Paperback
ISBN 3-451-26104-9

Das Ja wagen
Neue Trauungsansprachen
Herausgegeben von Klemens Richter
159 Seiten, Paperback
ISBN 3-451-23936-1

Rudolf Stertenbrink / Christa Weiser
Wirf deine Krücken weg
Die Wunder Jesu geschehen in uns oder gar nicht
240 Seiten, gebunden
ISBN 3-451-23950-7

Verlag Herder

Gottesdienst gestalten

Eva Bieber / Susanne Schäfer
Einer hat uns angesteckt
Neue Jugendgottesdienste
199 Seiten, Paperback
ISBN 3-451-26247-9

Christoph Recker
Uns ist ein Licht aufgegangen
Neue Anregungen für Gottesdienste
in der Advents- und Weihnachtszeit
144 Seiten, Paperback
ISBN 3-451-26095-6

Als die Liebe Hand und Fuß bekam
Neue Vorschläge für die Gestaltung
der Advents- und Weihnachtszeit
Herausgegeben von Erich Schredl
ca. 144 Seiten, Paperback
ISBN 3-451-26421-8

Johann Spörlein / Reinholda Wittmann
Neue Marienandachten
Für Gottesdienste mit Kindern,
 Jugendlichen und der Gemeinde
138 Seiten, Paperback
ISBN 3-451-26345-9

Verlag Herder